Andreas Steinhöfel

Rico, Oskar und die Tieferschatten

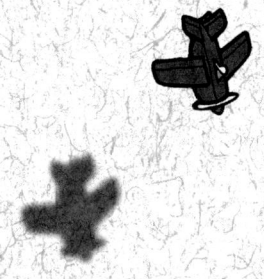

Deutsch – leichter lesen

Andreas Steinhöfel

Rico, Oskar und die Tieferschatten

Bearbeitet von:
Achim Seiffarth

Ernst Klett Sprachen
Stuttgart

Wie ist dieses Buch aufgebaut?

Jeweils am Seitenende werden mit Zahlen markierte Wörter erklärt. Zusätzlich gibt es zu jedem Kapitel Übungen zum Leseverstehen ab Seite 111 und dazu Lösungen ab Seite 127. Die Übungen sind mit diesem Symbol gekennzeichnet:

✏ Übungen

1. Auflage   8 | 2025

Alle Drucke dieser Auflage sind unverändert und können im Unterricht nebeneinander verwendet werden.

Originalausgabe:
© der Originalausgabe: Andreas Steinhöfel: Rico, Oskar und die Tieferschatten. Mit Illustrationen von Peter Schössow © Carlsen Verlag GmbH, Hamburg, 2008

© Ernst Klett Sprachen GmbH, Rotebühlstraße 77, 70178 Stuttgart 2020
Alle Rechte vorbehalten. Die Nutzung der Inhalte für Text- und Data-Mining ist ausdrücklich vorbehalten und daher untersagt.
www.klett-sprachen.de

Textbearbeitung und Didaktisierung: Achim Seiffarth
Redaktion: Benjamin Linhart
Reihenkonzept: Sebastian Weber
Layoutkonzeption: Sabine Kaufmann
Illustrationen von Peter Schössow: © Carlsen Verlag GmbH, Hamburg, 2008
Satz: Satzkasten, Stuttgart
Umschlaggestaltung: Sabine Kaufmann
Titelbild von Peter Schössow: © Carlsen Verlag GmbH, Hamburg, 2008
Druck und Bindung: Plump Druck & Medien GmbH, Rheinbreitbach

Printed in Germany
ISBN 978-3-12-674106-4

PEFC
PEFC/04-31-3752   www.pefc.de

Förderung
nachhaltiger
Waldbewirtschaftung

Inhalt

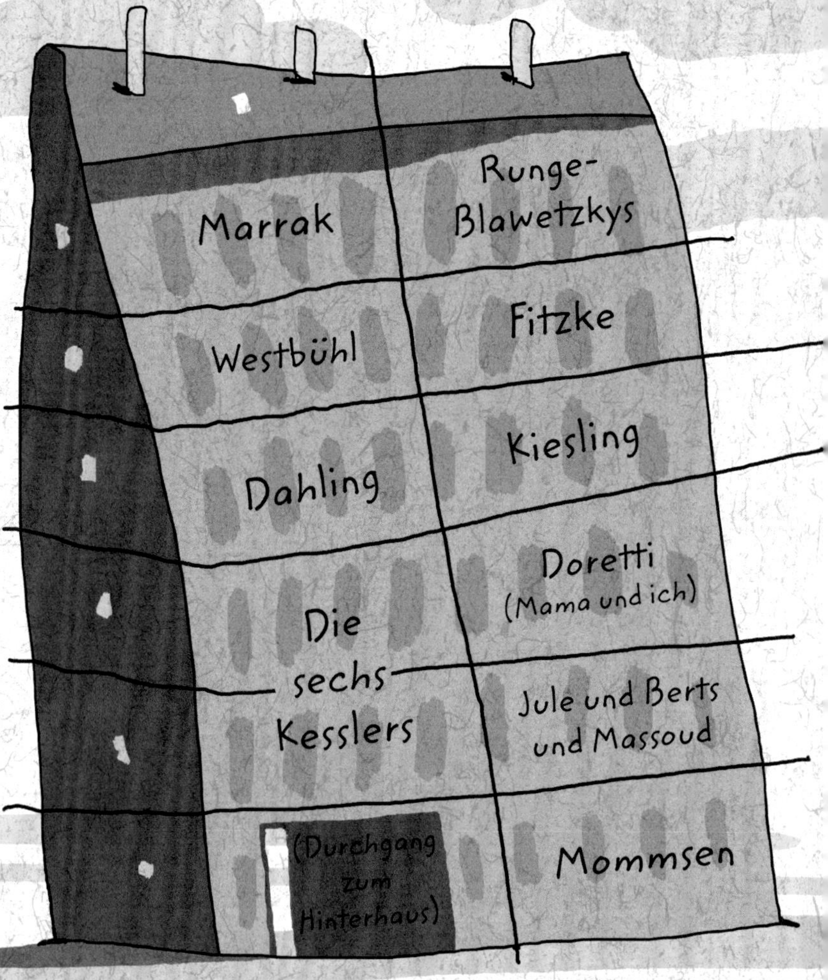
Marrak
Runge-Blawetzkys
Westbühl
Fitzke
Dahling
Kiesling
Die sechs Kesslers
Doretti (Mama und ich)
Jule und Berts und Massoud
(Durchgang zum Hinterhaus)
Mommsen

DIE FUNDNUDEL

Die Nudel liegt auf der Straße. Sie ist dick und rund, mit einem
Loch von vorn bis hinten, mit etwas trockener Käsesoße. Ich
nehme sie in die Hand und schaue an der alten Fassade der Dieffe
93[1] nach oben in den Sommerhimmel. Keine Wolken, keine Flug-
zeuge. Ein Flugzeugfenster kann man auch nicht aufmachen, also
auch keine Nudel rauswerfen.

Ich lauf ins Haus, durch das gelbe Treppenhaus in den Dritten[2] und
klingle[3] bei Frau Dahling.

„Ist vielleicht 'ne Rigatoni. Die Soße ist Gorgonzola, das ist klar",
weiß sie. „Lieb von dir, mir die Nudel zu bringen, Süßer, aber ich
werf keine Rigatoni aus dem Fenster. Frag mal Fitzke."

Fitzke wohnt im Vierten. Ich mag ihn nicht und eigentlich glaube
ich auch nicht, dass die Nudel ihm gehört. Frau Dahling wirft
öfters mal was aus dem Fenster, letzten Winter zum Beispiel den
Fernseher. Fünf Minuten später auch noch ihren Mann, aber durch
die Tür.

„Er hat eine andere!", hat Frau Dahling meiner Mutter erklärt. „Und
die ist nicht einmal jünger als ich!"

Weil die Glotze[4] jetzt kaputt und der Mann weg ist, hat sie sich am
nächsten Tag einen schicken Flachbild-Fernseher und einen DVD-
Player gekauft. Jetzt gucken[5] wir uns zusammen manchmal einen
Liebesfilm an oder Krimis, aber nur an den Wochenenden, wenn
Frau Dahling morgens nicht aufstehen muss. Unter der Woche
steht sie bei Karstadt[6] am Hermannplatz hinter der Fleischtheke.
Sie hat immer ganz rote Hände, so kalt ist es da.

Während des Fernsehens essen wir Brote mit Wurst und Ei. Bei
Liebesfilmen weint Frau Dahling, aber am Ende wird sie immer
böse: „Jetzt haben die sich gefunden und jetzt geht der Stress erst
los, aber darüber gibt es keinen Film! Alles Lüge!"

---

1 **Dieffe 93:** kurz für Dieffenbachstraße 93, in Berlin-Kreuzberg
2 **der Dritte:** kurz, gesprochenes Deutsch für „dritter Stock"
3 **klingeln:** Ding Dong an der Tür
4 **die Glotze:** (umgangssprachlich) für Fernseher
5 **gucken:** sehen
6 **Karstadt:** deutsches Kaufhaus

Ihre Tür geht zu, ich laufe in den Vierten und klopfe[1] bei Fitzke.
Seine Klingel ist kaputt.

Warten, warten, warten.

Schlurf[2], schlurf, schlurf hinter der dicken Altbautür.

Dann endlich Fitzke in Person, wie immer in seinem dunkelblauen
Pyjama. Unrasiert. Es riecht schlecht.

Wer weiß, was da in der Wohnung liegt. Ich versuche, etwas zu
sehen, aber er steht vor mir. Natürlich! Ich war schon in jeder
Wohnung im Haus, nur in Fitzkes nicht. Er lässt mich nicht hinein.
„Ah, der kleine Schwachkopf[3]“, sagt er.

Es ist Zeit zu erklären, dass ich Rico heiße und ein tiefbegabtes[4]
Kind bin. Das heißt, ich kann auch viel denken, aber das dauert
meistens etwas länger als bei anderen Leuten. Mein Kopf ist nicht
das Problem, der ist ganz normal groß. Ich kann mich auch nicht
immer gut konzentrieren, wenn ich etwas erzähle. Oft weiß ich
plötzlich nicht mehr, wie es weitergeht.

In meinem Kopf ist es manchmal so wie in einer Bingotrommel[5].
Bingo spiele ich jeden Dienstag mit Mama im Rentnerclub. Die
treffen sich in einem Haus neben der Kirche. Ich hab keine
Ahnung, warum Mama so gern dorthin geht, da sind wirklich fast
nur Rentner. Manche gehen, glaube ich, nie nach Hause, denn sie
haben jeden Dienstag dieselben Klamotten[6] an, so wie der Fitzke
seinen Pyjama, und ein paar von ihnen riechen komisch. Vielleicht
findet Mama es einfach nur toll, dass sie beim Bingo so oft gewinnt.
Jedes Mal lacht sie voll Freude, wenn sie nach vorn geht und zum
Beispiel so eine billige Plastikhandtasche abholt – eigentlich sind
es fast immer billige Plastikhandtaschen.

Die Rentner sehen das selten, viele sind über ihren Bingokärtchen
eingeschlafen. Erst vor ein paar Wochen sitzt da einer von ihnen

---

1 **klopfen:** „tock, tock“ mit dem Finger an der Tür machen
2 **schlurfen:** langsam und hörbar gehen
3 **der Schwachkopf:** sehr offensiv für: dummer Mensch
4 **tiefbegabt:** (ironisch) das Gegenteil von hochbegabt (= jemand, der sehr intelligent ist)
5 **die Trommel:** (hier) beim Lotto oder beim Bingo sind die Nummern in dieser Trommel, die
dann hinauskommen
6 **die Klamotten (Plural):** (umgangssprachlich) Kleidung

ganz ruhig bis zum Ende am Tisch. Die anderen sind nach Hause gegangen und dann ist die Putzfrau gekommen und wollte ihn wecken und er war tot.

„Tach, Herr Fitzke", sage ich. „Ich hoffe, ich habe Sie nicht geweckt."
Fitzke sieht noch älter aus als der tote Rentner beim Bingo. Und echt schmuddelig[1]. Er erzählt, dass er nicht mehr lange lebt und deshalb trägt er immer nur seinen Pyjama, sogar zum Einkaufen. Falls er mal krank wird oder tot ist, hat er dann schon die richtigen Klamotten an. „Ich habe es am Herzen!" hat Fitzke mal zu Frau Dahling gesagt, deshalb ist er immer ganz schwach und früher oder später PENG! Ist er tot. Ich finde, auch wenn er bald stirbt, kann er ruhig ordentliche Klamotten tragen oder wenigstens manchmal den Pyjama waschen, zum Beispiel an Weihnachten.

Fitzke starrt[2] mich nur an, also halte ich ihm die Nudel unter die Nase. „Ist das Ihre?"

„Woher hast du die?"

„Von der Straße. Frau Dahling meint, es ist vielleicht eine Rigatoni. Die Soße ist Gorgonzola, das ist klar."

„Auf der Straße? Eine Nudel ganz allein?", fragt er. „Oder lag sie in …?"

„Wer?"

„Kauf dir mal ein Gehirn[3]! Die Nudel, du Schwachkopf!"

„Wie war noch mal die Frage?"

Fitzke explodiert fast. „Deine Nudel! Nur so, allein auf der Straße oder in Hundescheiße[4], weißt schon."

„Nur so, allein", sage ich.

Er nimmt mir die Nudel aus der Hand und sieht sie an. Dann nimmt er die Nudel in den Mund! – meine Fundnudel! – und weg ist sie.

---

1 **schmuddelig:** (umgangssprachlich) schmutzig
2 **jemand anstarren:** jemand fixieren.
3 **das Gehirn:** Organ zum Denken (im Kopf)
4 **die Scheiße:** (sehr vulgär) Exkremente, Kot

Tür zu, WUMMS!
Der hat sie doch nicht alle[1]!

Jetzt ist die Nudel weg und ich kann keinen mehr fragen. Ich bin traurig. Das ist ja immer so, wenn man was verloren hat: Erst findet man es gar nicht so toll, aber dann war es die beste Nudel der Welt. Was mache ich jetzt? Nach unten in den Zweiten? Nein, ich klingle erst noch an der Wohnung gegenüber. Da wohnt der Neue, erst seit zwei Tagen. Ich kenn ihn noch nicht. Jetzt habe ich leider die Fundnudel nicht mehr, aber ich will dem Neuen Hallo sagen. Vielleicht lässt er mich in seine Wohnung. Ich bin sehr gern in anderen Wohnungen.
Diese hier war lange frei, weil sie so teuer ist.
Der Neue heißt Westbühl, so steht es neben seiner Klingel. Er ist nicht zu Hause, und das ist vielleicht auch besser so. Das gibt Stress, wenn ich seinen Namen sagen muss. Westen und Osten und so weiter. Ich habe schon mit links und rechts meine Probleme. Bei links und rechts startet automatisch die Bingotrommel in meinem Kopf.
Ich gehe die Treppe nach unten und ärgere mich. Da will ich einmal Detektiv spielen und Fitzke isst meine Fundnudel. Von wem war die Nudel? So viele Leute wohnen ja nicht im Haus. Der fünfte Stock mit den beiden schicken Dachwohnungen[2] zum Beispiel kommt nicht in Frage. Runge-Blawetzkys sind gestern abgezischt[3] in die Ferien, und der Marrak, der neben ihnen wohnt, war gestern und heute nicht zu sehen. Wahrscheinlich ist er wieder bei seiner Freundin, die ihm auch die Wäsche macht. Alle paar Wochen sieht

---

1 **sie nicht alle haben:** psychisch nicht normal sein
2 **die Dachwohnung:** die Wohnung unter dem Dach, ganz oben im Haus
3 **abzischen:** (umgangssprachlich) wegfahren

man den Marrak mit einem riesigen[1] Sack voller Klamotten durchs
Haus laufen. Der Marrak ist sicher nicht zu Hause. In seinem Brief-
kasten, unten im Hauseingang, liegt noch die Reklame von gestern.
Okay, den fünften Stock haben wir. Im vierten wohnen Fitzke und
der Neue mit Ost oder West im Namen. Im dritten Stock, gegen-
über von Frau Dahling, wohnt der Kiesling. Der ist den ganzen
Tag auf Maloche[2], als Zahntechniker in einem Labor in Tempelhof.
Im Stockwerk darunter: Mama und ich, und uns gegenüber die
sechs Kesslers, aber die sind auch schon in den Ferien. Aus Kesslers
Wohnung im Zweiten führt eine Treppe in die Wohnung darunter.
Sie haben beide Wohnungen. Herr und Frau Kessler brauchen viel
Platz für ihre vielen Kinder.
Am liebsten gehe ich in die Wohnung im Ersten gegenüber von
Kesslers, also unter der von Mama und mir. Da wohnt Jule mit
Berts und Massoud. Die drei sind Studenten. Aber ohne Nudel
kann ich schlecht bei ihnen klingeln. Berts ist okay. Massoud kann
ich nicht leiden, weil Jule in ihn verliebt ist und nicht in mich. So
viel zu diesem Thema. Warum hab ich nicht bei ihnen angefangen
mit meinen Fragen, oder beim alten Mommsen, unserem Haus-
wart[3] – der wohnt im Erdgeschoss.
Zu spät. Fundnudel weg.
Also geh ich in den Zweiten, nach Hause.
Mama steht vor dem goldenen Spiegel im Flur[4].
Viele Leute, vor allem Männer, gucken Mama auf der Straße
nach. Sie sieht eben einfach toll aus. Immer trägt sie superkurze
enge Röcke und ein knappes Top. Dazu silberne oder goldene
Sandalen. Die Haare blond und offen und lang und glatt, und viele
Armbänder und Halsketten und Ohrringe. Am liebsten mag ich
ihre Fingernägel, die sind sehr lang. Jede Woche ist was Neues auf
den Nägeln, zum Beispiel ganz ganz kleine bunte Fische. Sie sieht
mich in die Wohnung kommen.

---

1 **riesig:** sehr groß
2 **die Maloche:** (umgangssprachlich) Arbeit
3 **der Hauswart:** putzt und repariert im Haus, auch: Hausmeister
4 **der Flur:** Korridor

„Wie war's denn in der Schule?"

„Geht so."

Sie sagt nie Förderzentrum[1], weil sie weiß, wie sehr ich das hasse. Mein Lehrer, der Wehmeyer, versucht dort seit Jahren, die Bingokugeln in meinem Kopf unter Kontrolle zu bringen. Aber mein Kopf bleibt, wie er ist.

„Warum hat der Wehmeyer dich denn noch mal antanzen[2] lassen?", sagte Mama. „Gestern war doch der letzte Schultag?"

„Ferienprojekt. Was schreiben."

„Du und schreiben?" Sie sieht mich an. „Was denn?"

„Nur einen Aufsatz[3]", murmelte ich. Die Sache ist komplizierter, aber ich will es Mama noch nicht erklären. Erst allein versuchen.

„Verstehe. Schon was gegessen, ein Döner oder so?" Sie gibt mir einen Kuss.

„Nee."

„Also Hunger?"

„Klar."

„Okay. Ich mach uns Fischstäbchen[4]." Ich setze mich an den Esstisch und gucke zu.

„Ich muss dich mal was fragen, Rico", sagt Mama und gibt Butter in die Pfanne.

Hm. Wenn Mama mich was fragt und dabei meinen Namen sagt, heißt das, dass sie sich Gedanken gemacht hat, und wenn sie sich Gedanken macht, hat das meistens mit Problemen zu tun.

„Was denn?", frage ich vorsichtig.

„Dieser Mister 2000 …"

Auch ein Dummkopf versteht, was Mama will. Mama öffnet den Kühlschrank und holt mit einem Messer die Packung mit den Fischstäbchen heraus. Sie liegt im Eis.

---

1 **das Förderzentrum:** Schule für Kinder mit Problemen
2 **antanzen:** (umgangssprachlich) kommen
3 **der Aufsatz:** Texte, die man für die Schule schreibt
4 **das Fischstäbchen:** kleines, paniertes Fischstück

„Er hat wieder ein Kind gehen lassen", sagt sie. „Diesmal eins aus Lichtenberg[1]. Schon das fünfte. Das davor war aus –"

„Wedding, ich weiß."

Und die drei davor aus Kreuzberg, Tempelhof, Charlottenburg. Ganz Berlin folgt Mister 2000 seit drei Monaten. Im Fernsehen sagen sie: „Er ist der schlaueste[2] Kindesentführer[3] aller Zeiten. Manche nennen ihn auch den ALDI[4]-Kidnapper, weil seine Entführungen so billig sind. Er ruft kleine Jungen und Mädchen in sein Auto und fährt mit ihnen weg, und dann schreibt er den Eltern einen Brief: *Liebe Eltern, wenn Sie Ihre kleine Lucille-Marie wiederhaben wollen, kostet Sie das nur 2000 Euro. Wollen Sie für so wenig Geld die Polizei rufen? Dann bekommen Sie Ihr Kind nur in Stücken zurück.*

Bis jetzt haben alle Eltern erst bezahlt, ihr Kind wieder bekommen und dann die Polizei gerufen. Aber ganz Berlin wartet auf den Tag, an dem eine kleine Lucille-Marie oder irgendein Maximilian in Stücken zu Hause ankommt. Vielleicht freut sich jemand, dass sein Kind weg ist, und zahlt keinen Cent. Oder sie sind arm und haben nur fünfzig Euro oder so. Wenn man Mister 2000 nur fünfzig Euro gibt, bleibt von einem Kind vielleicht nur eine Hand.

Ich finde, 2000 Euro sind total viel Geld.

„Hast du 2000 Euro?", frage ich Mama. Man kann ja nie wissen. Sie darf in so einer Situation auch mein Sparschwein[5] kaputt machen. Das habe ich schon lange, und genug Geld für einen Arm oder so. Dann bleibt Mama wenigstens etwas von mir.

„2000 Euro?", sagt sie. „Seh ich so aus?"

„Ich bin nicht so klein wie die anderen Kinder, die der entführt hat. Und ich bin älter."

---

1 **Lichtenberg:** Stadtteil von Berlin, genau wie Wedding, Kreuzberg, Tempelhof und Charlottenburg
2 **schlau:** klug, raffiniert
3 **der Kindesentführer:** bringt Kinder weg und will Geld, die Eltern müssen bezahlen
4 **der ALDI:** Discount-Supermarkt
5 **das Sparschwein:** eine Spardose, in die Kleingeld kommt, in der Form eines Schweins, denn das bringt Glück

„Ja, ich weiß." Sie macht die Packung auf. „Aber zum Glück brauche ich dich jetzt in den Ferien nicht jeden Tag zur Schule bringen und auch wieder abholen."

Mama arbeitet bis frühmorgens. Wenn sie nach Hause kommt, bringt sie mir eine Schrippe[1] mit, gibt mir einen Kuss, bevor ich ins Förderzentrum abzische, und dann legt sie sich schlafen. Sie steht dann meistens erst nachmittags auf, wenn ich wieder zu Hause bin. Wie soll sie mich zur Schule bringen und wieder abholen?

„Bin ich eine schlechte Mutter, Rico?"

„Quatsch[2]!"

Einen Moment lang sieht sie mich an, dann kommen die Fischstäbchen aus der Packung in die Pfanne. „Jetzt rieche ich wieder nach Fischstäbchen!"

Sicher geht sie noch duschen. Dann fährt sie zur Arbeit in den Club. Nach Fischstäbchen duscht sie immer. Ich erzähle ihr von meiner Fundnudel und dass Fitzke sie gegessen hat und ich jetzt nicht weiß, von wem sie war.

„Der alte Idiot", sagt sie leise.

Mama kann Fitzke nicht leiden. Vor ein paar Jahren, wir waren neu in der Dieffe 93, waren wir bei allen Nachbarn. Sie hat immer Angst, die Leute können uns nicht leiden, weil sie keine Dame ist und ich ein bisschen behindert[3]. Fitzke war im Pyjama an die Tür gekommen. Mama sagt: „Tach, ich bin also die Neue hier, und das ist mein Sohn Rico. Er ist ein bisschen schwach im Kopf, aber da kann er nichts machen. Wenn er also mal was Dummes tut ..."

Fitzke macht, ohne ein Wort, uns die Tür vor der Nase zu. Jetzt sagt er immer Schwachkopf zu mir.

„Hat er Schwachkopf zu dir gesagt?", fragt Mama.

„Nee."

„Der alte Idiot", sagt sie noch mal.

---

1 **die Schrippe:** (Berlinerisch) Brötchen
2 **der Quatsch:** (umgangssprachlich) etwas sehr Dummes
3 **behindert:** jemand, der dauerhaft körperliche oder psychische Probleme / Schwierigkeiten hat

Es riecht gut nach Sommer mit Fisch. Ich mag es, wenn Mama kocht.

„Blutsoße?", fragt sie.

„Klar."

5 Sie stellt die Ketchup-Flasche und den Teller auf den Tisch.

Sie isst ihre Fischstäbchen sehr schnell. „Ich muss mit Irina zum Friseur." Irina ist Mamas beste Freundin. Sie arbeitet auch im Club.

„Wir brauchen auch ein paar Sachen fürs Wochenende. Ich kann ja auch einkaufen, aber …"

10 „Ich mach das schon."

„Bist ein Schatz[1]." Sie steht auf. „Ich hab 'ne Liste, warte mal …"

Mamas Hosen sind immer sehr eng. Ich frag mich, warum dann alles in die Hosentaschen kommt. Sie hat schon zehn oder mehr Plastikhandtaschen beim Bingo gewonnen, aber die trägt sie nie.

15 Sie verkauft sie bei eBay.

Endlich hat sie ihre Liste in den Händen. „Butter steht noch nicht da. Denkst du an die Butter oder soll ich –"

Ich habe schon das erste Fischstäbchen im Mund.

„Ich denke an die Butter", sage ich.

20 Hoffentlich.

 **Übungen**

---

1 **der Schatz:** (hier) Mensch, den man nicht leicht findet, sehr gut und lieb

OSKAR

Das Einkaufen läuft prima. Zahncreme, Butter, Salzstangen, Salat
und Joghurt. Ich gebe der Kassiererin bei Edeka[1] das Geld und sie
gibt mir den Rest und sagt, schönen Gruß an deine Mutter. Man
sieht, sie wünscht Mama den Tod. Mama war mal bei ihr, und ganz
freundlich erklärt sie ihr, dass ich tiefbegabt bin und dass sie schon
mal einem beide Arme gebrochen[2] hat, der mir falsches Restgeld
gegeben hat.

Ich gehe aus dem Laden. Leichter Wind in den Bäumen. Sonnen-
licht läuft und springt über Millionen von Blättern und ihre
Schatten[3] fallen auf die Straße.

Alles voll von Leuten, viele sitzen vor den Kneipen[4] und Restau-
rants, und aus den offenen Fenstern in den Häusern kommt Musik.
Ich bin sehr froh in diesem Moment. Ich fühle mich sicher.

In der langen Dieffe gibt es alles, was man braucht. Den Edeka
und einen Spätkauf, zwei Gemüsehändler, einen Getränkemarkt,
Bäcker, Metzger und so weiter. Man muss nie um die Ecke, und
deshalb wohnen wir hier. Lange Wege mit Ecken sind zu viel für
mich. Ich hab eine Orientierung wie eine betrunkene Brieftaube[5]
bei Windstärke 12. Aber von der Dieffe aus kann ich sogar allein
zum Förderzentrum gehen. Ich muss nur aus dem Haus gehen, ein
kleines Stück bis zur Mohren-Apotheke an der Ecke gehen und da
nach oben. Dann immer geradeaus, über die Admiralsbrücke bis
zur Schule. Hinter der Schule geht's immer noch geradeaus weiter
bis zum Kottie[6], aber ich bin noch nie weiter gegangen als bis zum
Doyum Grillhaus, kurz *vor* dem Kottie.

Soll ich nach einer neuen Fundnudel suchen? Vielleicht war sie ja
nicht aus der Dieffe 93, sondern ein Spaziergänger hat sie verloren
oder fallen gelassen.

---

1 **Edeka:** deutscher Supermarkt
2 **brechen – brach – gebrochen:** kaputt machen
3 **der Schatten:** wo das Licht nicht hinkommt. „Wo Licht ist, ist auch Schatten"
4 **die Kneipe:** wo man Bier oder Cola trinkt
5 **die Brieftaube:** Vogel, der die Post bringt
6 **der Kottie:** (Berlinerisch) Kottbusser Tor, wo Menschen unterschiedlicher Nationen leben,
vor allem Türken

Am Spielplatz bleibe ich stehen. Der Spielplatz ist wie eine kleine Insel in der Grimmstraße. Der Spielplatz ist groß und bei gutem Wetter immer voller Mütter und jeder Menge Dötzeken[1]. In Neukölln ist Mama oft mit mir auf den Spielplatz gegangen. Ich hatte alles zum Spielen. Einmal habe ich ein Loch gemacht, alles hinein geworfen, mit Sand zugemacht. Ich hab meine Sachen nie wiedergefunden.

Ich gucke noch ein bisschen zum Spielplatz und freue mich für die vielen kleinen Dötzekens, die schlauer sind als ich. Dann muss ich wieder an die Fundnudel denken. Ich geh langsam über den Gehsteig und gucke auf den Boden. Plötzlich sehe ich zwei kleine Füße mit hellen Strümpfen[2] in offenen Sandalen.

Der Junge vor mir geht mir gerade so bis an die Schulter[3]. Das heißt, sein dunkelblauer Sturzhelm geht mir bis an die Schulter. Es ist ein Sturzhelm, wie ihn Motorradfahrer tragen. Die gibt es also auch für Kinder. Es sieht beknackt[4] aus.

„Was machst du da?", fragt der Junge. Seine Zähne sind riesig.

„Ich suche was."

„Wenn du mir sagst, was, kann ich dir helfen."

„Eine Nudel."

Er guckt nach unten. An seinem Hemd hängt ein sehr kleines rotes Flugzeug. Die Nase von dem Ding ist abgebrochen.

„Was für eine Nudel ist es denn?", fragt er.

„Eine Fundnudel. Eine Rigatoni, aber nur vielleicht. Genau kann man das erst sagen, wenn man sie findet, es ist ja eine Fundnudel. Ist doch logisch, oder?"

„Hm …" Der Mund mit den großen Zähnen geht wieder auf. „Kann es sein, dass du ein bisschen doof[5] bist?"

„Ich bin ein tiefbegabtes Kind."

„Wirklich?" Jetzt sieht er interessiert aus. „Ich bin hochbegabt."

---

1 **der Dotz:** (Norddeutsch) Punkt, auch kleines Kind
2 **der Strumpf:** tragen wir an den Füßen, in den Schuhen
3 **die Schulter:** ein Arm hängt an der Schulter
4 **beknackt:** (umgangssprachlich) dumm, hässlich
5 **doof:** offensiv für dumm

Nun bin ich auch interessiert. Wir gucken uns lange an. Das ist das erste hochbegabte Kind, das ich sehe. Nur im Fernsehen war mal eins. Ein Mädchen, das spielte wie eine Bekloppte[1] irgendwas total Schwieriges auf der Gitarre, und zur selben Zeit ruft der Talk-

5 master ihr kilometerlange Zahlen zu und fragt: „Primzahl[2] oder nicht?" Aber Primzahlen sind gar nichts Wichtiges.

„Ich muss jetzt weiter", sage ich endlich zu dem Jungen. „Es wird bald dunkel. Dann finde ich den Weg nicht."

„Wo wohnst du denn?"

10 „Da vorn, das gelbe Haus. Die 93. Rechts."

Ich ärgerte mich im selben Moment. Warum sage ich rechts? Ist es rechts oder nicht doch links?

Der Junge guckt nach vorn.

„Du bist wirklich doof, oder? Wenn man etwas direkt vor Augen

15 hat und nur geradeaus gehen muss, kann man sich unmöglich verlaufen[3]."

Rechts ist richtig. Aber ich werde langsam sauer[4]. „Ach ja? Ich kann das. Es gibt Leute, die das können. Das weißt du nicht, wie? So schlau bist du doch nicht!"

20 „Ich –"

„Und ich sag dir noch was: Es ist kein bisschen witzig!"

Alle Bingokugeln sind auf einmal rot und laufen schnell.

„Ich will nicht dumm sein, ich bin es einfach!"

„Hey, ich –"

25 „Aber du bist ja wohl eins von den Superhirnen, die alles wissen und das immer allen sagen müssen, weil sich keiner für sie interessiert, nur wenn sie im Fernsehen Gitarre spielen!"

Jetzt weine ich auch noch. Der Junge sieht mich aus großen Augen an.

30 „Jetzt wein doch nicht! Ich meine doch nur –"

„Und ich weiß, was 'ne Primzahl ist!"

---

1 **der Bekloppte:** (offensiv) psychisch krank
2 **die Primzahl:** kann man nur durch 1 und sich selbst teilen: 1, 2, 3, 5, 7, 11 …
3 **sich verlaufen:** den falschen Weg gehen
4 **sauer:** (umgangssprachlich) böse

Jetzt sagt der Junge gar nichts mehr. Er guckt auf seine Sandalen.
Er gibt mir seine Hand. Sie ist so klein, sie geht zweimal in meine.
„Ich heiße Oskar", sagt er. „Und ich möchte mich bei dir entschuldigen. Ich war arrogant."
Ich habe keine Ahnung, was das ist, aber die Entschuldigung verstehe ich. 5
Man muss nett sein, wenn man sich entschuldigt.
„Ich heiße Rico", sage ich. „Mein Vater war Italiener."
„Ist er tot?"
„Logisch. Ich habe ja *war* gesagt." 10
„Tut mir leid. Wie ist er denn gestorben?"
Ich gebe keine Antwort. Ich erzähle nie jemandem von Papas Tod. Das ist meine Sache und eine sehr traurige Geschichte. Ich versuche, an was anderes zu denken.
Oskar steht da und sieht mich an. Dann sagt er: „Ich muss jetzt 15 nach Hause."
„Ich auch. Die Butter muss in den Kühlschrank!"
Ich hebe meine Einkaufstasche hoch. Und dann, weil er so gesund aussieht in seinen komischen Klamotten, wie eins von diesen Kindern, die dauernd Gemüse und Obst und zuckerfreies Müsli 20 aus dem Bioladen essen müssen, sage ich: „Wir haben keine Butter mehr, weil es bei uns heute Mittag Fischstäbchen mit Blutsoße gab."
Dann gehe ich. Ich will nicht zurück sehen. Der soll nicht denken, dass ich ihn toll finde mit seinem Sturzhelm und den Monsterzähnen. 25
Wieder zu Hause, die Butter im Kühlschrank, denke ich: „Was macht Oskar ganz allein im Kiez[1]? Und warum trägt er das kleine rote Flugzeug an seinem Hemd? Und warum er einen Sturzhelm für Motorradfahrer trägt. Er ist doch zu Fuß."

---

1 **der Kiez:** (Berlinerisch) Stadtteil, hier: Kreuzberg

Ich gehe zu Frau Dahling. Rotgoldenes Abendlicht fällt durch die
offene Wohnzimmertür. Da hängen überall kleine Bildchen in
Plastikrahmen[1] an den Wänden, meistens mit kleinen Kindern
mit ganz große Augen vor dem Eiffelturm oder auf einer Brücke
in Venedig.

„Mir geht's nicht wirklich gut, Schätzchen", sagt Frau Dahling und
macht die Wohnungstür zu. „Ich hab so ein graues Gefühl."

Ich möchte lachen. Ein graues Gefühl bedeutet, dass wir keinen
Liebesfilm gucken. Ich habe nichts gegen Liebesfilme, aber sie
machen mich manchmal ein bisschen nervös. Es gibt nicht einen
Liebesfilm über tiefbegabte Menschen. Finden die niemanden?
Okay, es gibt *Forrest Gump*, aber der Film hat kein glückliches
Ende, und außerdem kann ich Forrest nicht besonders gut leiden[2].
Frau Dahling legt mir eine Hand auf die Schulter und wir gehen
in ihr Wohnzimmer. Das graue Gefühl ist immer schwierig für sie.

„Weißt du jetzt, von wem die Nudel war? Fitzke?"

„Nee."

Ich erzähle ihr nicht, dass der die gute Fundnudel einfach gegessen
hat. Ich setze mich auf das Sofa und gucke auf den Tisch. Ein Teller
mit Leberwurstbroten[3], kleinen Gurken[4] und halbierten Tomaten.
Ich hab Hunger. Frau Dahling macht die besten Brote der Welt.

„Wenn's der Fitzke nicht war", denkt sie laut, „dann war es wahrscheinlich eine von den Kessler-Gören[5]."

„Nee. Kesslers sind im Urlaub. Seit gestern. Genau wie die Runge-
Blawetzkys."

Kesslers waren schon im Fernsehen und alles. Sie sind eine Sensa-
tion, weil Frau Kessler zweimal Zwillinge bekommen hat, und
das im selben Jahr – zwei Jungen im Januar, zwei Mädchen im
Dezember. Doppelte Zwillinge. Die sind sechs und sieben Jahre alt.
Frau Dahling hasst sie wie die Pest[6].

---

1 **der Rahmen:** ist um das Bild, rechts und links und oben und unten
2 **jemanden gut / schlecht leiden können:** jemanden mögen / nicht mögen
3 **die Leberwurst:** gekochte Wurst, wie Pâté
4 **die Gurke:** grünes Gemüse mit viel Wasser
5 **das Gör:** (umgangssprachlich) nicht sehr diszipliniertes Mädchen
6 **die Pest:** tödliche Krankheit, wie Cholera

Sie macht den Fernseher an. Wir gucken immer erst Nachrichten, dann die Spielfilme: die Abendschau aus Berlin, danach die Tagesschau.

Heute geht es in der Abendschau um Mister 2000 und das freie Kind aus Lichtenberg. Die Eltern wollen keine Interviews geben, also gibt es nur Fotos von den anderen Kindern, die jeder Berliner aus der Zeitung und der Glotze lange schon kennt: zwei Jungen und zwei Mädchen, keines von ihnen älter als sieben Jahre. Alle sehen auf den Fotos nett aus, nur die kleine Sophia aus Tempelhof nicht. Ihre Augen stehen sehr nah eins neben dem anderen in ihrem runden Mondgesicht. Ihre blonden Haare hängen wie Spaghetti auf die Schultern und sie trägt ein dunkelrosa T-Shirt mit einem dicken roten Fleck[1], Ketchup oder so etwas. Über die lachen die andern Kinder in der Schule sicher. Sophia war das zweite von Mister 2000 entführte Kind und sie tut mir von allen am meisten leid. Ich weiß, wie das ist, wenn alle anderen über einen lachen.

Der Sprecher erklärt, dass die Polizei immer noch nichts über den Entführer weiß, und dann kommt Politik.

Neben mir ist Frau Dahling jetzt sehr sauer.

„Die Adresse von dem Kerl[2] möchte ich haben."

„Von dem Nachrichtensprecher?"

„Nee, von dem ALDI-Kidnapper." Frau Dahling isst eine halbe Tomate. „Der soll eine von den Kessler-Gören abholen. Für die Eltern ist das nicht so schlimm, weißt du. Sie haben auch dann noch eins, das genauso aussieht."

Frau Dahling isst noch ein Gürkchen. „Diese Gören sind seit Jahrzehnten das Schlimmste, was in diesem Haus wohnt!"

Ich nehme mir ein Brot und ein Stück Gurke. Frau Dahling sieht ins Nichts. Da hat sie wieder das graue Gefühl, das sehe ich.

„Warum gehen Sie nicht einmal aus?", frage ich.

„Ist das deine Idee oder eine von deiner Mutter?"

„Meine."

---

1 **der Fleck:** die Kleidung ist unsauber: Soße oder Ketchup
2 **der Kerl:** negativ für Mann

Die Idee kommt von Mama. Man muss aufpassen, wenn man als tiefbegabtes Kind schlaue Sachen sagt. Ruck, zuck[1] denken die Leute, du lügst und bist gar nicht tiefbegabt. Aber so doof bin ich auch nicht. Ich weiß, woher ein graues Gefühl kommt. Das kommt, weil man allein ist, und andere Leute trifft man nur, wenn man ausgeht oder jemanden im Internet sucht. Ich hab keine Ahnung, wie alt Frau Dahling ist, wahrscheinlich schon fast fünfzig. Aber sie kann noch jemanden finden, der auch gerne Brote isst.

Die Abendschau ist zu Ende. Frau Dahling macht den DVD-Player an.

„Wir gucken Krimi." Frau Dahling steht auf und geht zum Schrank mit den Filmen. „Miss Marple."

Später, als ich wieder in unserer Wohnung bin und im Bett liege, kann ich nicht einschlafen.

Es ist Vollmond. Sein Licht fällt auf die dunklen, blinden Fenster der leeren Wohnungen vom Hinterhaus[2]. In den dritten Stock kann ich von meinem Bett aus richtig gut sehen. Das war die Wohnung von Fräulein Bonhöfer. Fräulein Bonhöfer war eine alte Dame. Eines Tages war sie krank. Lungenkrebs[3]. Ins Krankenhaus? Nein! Sie macht das Gas auf, dann eine letzte Zigarette … WUMMS! Erst renoviert man noch, aber dann sieht man Probleme an der Struktur. In dem Haus kann keiner mehr wohnen.

Das ist viele Jahre her. Aber, das erzählt der Mommsen, unser Hauswart, der Geist[4] von Fräulein Bonhöfer geht nachts durch ihre alten Zimmer.

1 **Ruck, zuck:** (umgangssprachlich) schnell
2 **das Hinterhaus:** steht nicht direkt an der Straße wie das Vorderhaus, sondern hinter diesem
3 **der Lungenkrebs:** Krankheit mit Tumoren, an der man leicht stirbt
4 **der Geist:** (hier) lebt nach dem Tod einer Person, macht um Mitternacht „Huhu" oder so etwas

Ich gucke immer in diese Fenster, auch wenn ich nicht will. Manchmal glaube ich, ich sehe hinter den Schatten in der Bonhöfer-Wohnung noch tiefere Schatten, die durch die leeren Zimmer laufen. Das kann nicht sein, das weiß ich auch. Aber das hilft mir nicht, wenn ich mal aufs Klo muss, aber Angst habe. Mama ist nachts auf Arbeit und ich bin allein in der Wohnung. Schon lange mache ich mir nicht mehr in die Hose. Aber diese Tieferschatten … da gehe ich lieber mit dem Kopf unter die Decke.
Heute auch.
Unter der Decke denke ich noch an Oskar. Dann schlafe ich ein.

 **Übungen**

DAS FERIENTAGEBUCH

Nun schreibe ich schon fast den kompletten Sonntag. Heute habe ich meine Ruhe, weil Mama den ganzen Tag schläft. An den Wochenenden bleibt sie noch länger im Club als sonst. Sie ist erst morgens gegen zehn nach Hause gekommen und dann sofort ins Bett. Deshalb weiß sie auch nicht, dass ich den ganzen Tag am Computer sitze. Besser so, denn dann ist sie am Ende nicht traurig, wenn mein Experiment schiefgeht[1].

Die Schreiberei ist eine Idee vom Wehmeyer. Deshalb war ich am Samstag noch mal bei ihm in der Schule, wo doch eigentlich schon Ferien waren. Der Wehmeyer hat einen Aufsatz von mir über den Landwehrkanal[2] gelesen und findet ihn toll.

„Deine Rechtschreibung zieht einem die Schuhe aus[3], Rico", sagt er. „Aber *wie* du schreibst, das ist gut. Du bist ein guter Erzähler … auch wenn du oft nicht beim Thema bleibst. Weißt schon – die Nordsee."

Der Landwehrkanal läuft praktisch direkt hinter der Dieffe 93 vorbei. Man kann da prima sitzen, unter den schönen Bäumen oder einfach im Gras, zwischen vielen anderen Leuten. Steht alles in dem Aufsatz.

Beim Thema bleiben? Der Wehmeyer meint meine Lieblingsstelle. Da erzähle ich, wie man sich als Wasserleiche[4] in so einem Kanal fühlt. Es ist Winter und man ist ins Eis eingebrochen. Das Wasser trägt einen unter dem Eis vom Landwehrkanal in die Spree. Ich weiß, wie es dann weitergeht: Die Spree fließt[5] in die Havel und die Havel fließt in die Elbe und die Elbe fließt in die Nordsee und die Nordsee gehört zum Atlantik. Es gibt also viel zu sehen, wenn man tot im Landwehrkanal schwimmt, auf einer tollen Reise bis in den Ozean.

---

1 **schiefgehen:** (umgangssprachlich) schlecht laufen, ein negatives Ende haben
2 **der Landwehrkanal:** Wasserstraße durch Berlin-Kreuzberg (und Neukölln, Tiergarten und Charlottenburg)
3 **etwas zieht jemandem die Schuhe aus:** (umgangssprachlich) jemand findet etwas katastrophal
4 **die Leiche:** Körper von einem Toten, Kadaver
5 **fließen:** laufen von Wasser

„Ich hab da eine Idee", sagt der Wehmeyer. „Hast du nicht Lust, etwas wie ein Tagebuch zu führen? Über deine Ferien? Was du so denkst, was du so alles machst …"

„Ist das 'ne Hausaufgabe?"

5 „Sagen wir mal: Wenn du es wirklich versuchst, machst du nach den Ferien ein paar Hausaufgaben weniger."

Nicht schlecht.

„Wie viel soll ich denn schreiben?"

„Sagen wir mal … ab zehn Seiten bin ich zufrieden. Ab zwanzig
10 gibt's einen Bonus."

Noch besser. Aber zwanzig Seiten sind viel.

„Und die Rechtschreibfehler?", frage ich vorsichtig.

„Um die mach dir erst mal keine Gedanken. Du hast doch sicher einen Computer, oder?"

15 „Mama hat einen. Wegen eBay."

„Hat der ein Textverarbeitungsprogramm mit Korrekturfunktion?"

„Was heißt Korrektur?"

„Verbesserung."

Unser Computer hat so ein Textprogramm und anderen Schnick-
20 schnack[1]. Mama benutzt es manchmal. Sie schreibt ihre Briefe mit dem Computer.

Ich nicke[2].

„Gut", sagt der Wehmeyer. „So ein Programm verbessert deine Fehler automatisch."

25 „Echt[3]?"

„Echt. Also?", fragt Wehmeyer.

„Okay." Dann gehe ich.

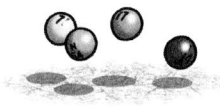

---

1 **der Schnickschnack:** (hier) dumme Dinge
2 **nicken:** ja sagen durch eine Geste mit dem Kopf
3 **echt:** (umgangssprachlich) wirklich

Ja, und das ist bis jetzt alles. Schon über zwanzig Seiten. Ich kann also eine Pause machen. Schreiben macht müde. Aber den Extra-Bonus hab ich in der Tasche[1].

 Übungen

---

1 **Ich habe etwas in der Tasche:** etwas gehört mir

DER BÜHL

Gegen Mittag klingelt es an der Wohnungstür. Mama ist in der
Küche. Ich gehe an die Tür.

Den Mann da kenne ich nicht. Er ist groß und schlank, hat kurze
schwarze Haare und hellblaue Augen. Er sieht aus wie ein Schau-
spieler.

„Guten Tag!"

„Ich denke, ich muss mich endlich mal vorstellen. Wohne seit ein
paar Tagen oben im Vierten. Simon Westbühl."

Ich gebe keine Antwort. Warum heißt er nicht einfach Bühl?
Westen, Osten, Westen, Osten – wie heißt der jetzt? Das ist das
Problem mit dem Bingo in meinem Kopf: Alles kommt außer
Kontrolle.

Der Bühl sieht mich immer noch freundlich an, aber in seinen
Augen steht etwas wie eine Frage.

„Issen da[1]?", ruft Mama aus der Küche.

„Herr Ostbühl", rufe ich zurück. „Der Neue aus dem vierten Stock."

„Also, ich kann ja auch später noch mal …", sagt der Bühl, und
dann wird er ganz leise. Er guckt mit großen Augen über meine
Schulter. Ich sehe nach hinten.

Mama steht im Flur. Ihre Haare sind jetzt hellrot. Sie sieht total
hübsch aus, aber warum trägt sie nur das kurze blaue Männer-
hemd, unter dem man ihren Slip sieht?

Der Bühl guckt sie ganz schnell von oben nach unten an.

„Moment noch", sagt Mama und geht zurück ins Bad. Wasser läuft.

Er guckt mich schon wieder so komisch an. Sekunden später kommt
Mama aus dem Badezimmer, in ihrem japanischen Morgenmantel,
auf dem in Japanisch etwas geschrieben steht. Was? *Guten Morgen*
oder *Friede auf Erden* oder *Esst mehr Gemüse!*

„'tschuldigung", sagt sie. Dann steht sie vor dem Bühl und gibt ihm
die Hand. „Tanja Doretti. Bin noch nicht ganz wach."

„Simon Westbühl. Ich hoffe, ich habe Sie nicht –"

„Haben Sie nicht." Sie schlurft in die Küche. „Auch einen Kaffee?",
fragt sie über die Schulter.

---

1 **Issen da?:** (gesprochenes Deutsch für) Wer ist denn da?

Ich hab mal mit Frau Dahling einen Film gesehen über den berühmten griechischen Helden … Also, er fängt mit O an und kommt mit einem Holzpferd[1] in eine Stadt, und dann fährt er jahrelang auf seinem Schiff durch die Welt, denn er will zu seiner geliebten Frau zurück. Die ist zu Hause und tausend Männer sind alle scharf[2] auf sie. Er fährt dauernd falsch, aber am Schluss schafft er es dann endlich zu seiner Frau zurück und macht all diese Typen platt[3].

Einmal, mitten in einem Sturm auf dem offenen Meer, kommt der O mit dem Schiff an einer Insel oder so etwas vorbei, da singen Frauen, so eine Art Meerjungfrauen[4]. Wer sie hört, will zu ihnen, deshalb lassen sich ein paar von Os Männern ins Wasser fallen und können nicht schwimmen und sind tot, so schön singen diese Frauen. Frau Dahling findet das Singen nun auch nicht so doll. Sie will schon auf ein anderes Programm schalten, aber dann tut sie es nicht. Sie will wissen, was aus der Frau vom O wird. Der O lässt sich von seinen Leuten festbinden[5]. So kann er das Gesinge hören, springt aber nicht ins Wasser und lebt weiter.

Den Bühl bindet keiner fest. Er geht hinter Mama in die Küche. Sie singt auch nicht. Doch sieht er so glücklich aus wie O auf dem Schiff. Mama stellt wortlos zwei Tassen auf den Tisch. Ich setzte mich dem Bühl gegenüber. Er passt total gut in unsere Küche.

„Sind Sie verheiratet?", frage ich.

Er schüttelt den Kopf[6].

„Haben Sie eine Freundin?"

„Rico!", sagt Mama.

„Schon okay", sagt der Bühl und lacht. Die Frage beantwortet er nicht. Ich finde ihn toll.

„Wir gehen morgen Abend zum Bingo", sage ich. „Im Rentnerheim. Wollen Sie mit?"

---

1 **das Holz:** Material von Bäumen
2 **scharf auf jemanden sein:** (umgangssprachlich) Sex mit jemandem wollen
3 **jemanden platt machen:** (umgangssprachlich) besser und stärker sein und gewinnen
4 **die Meerjungfrau:** die Sirene, halb Mensch, halb Fisch
5 **festbinden:** mit einer Kordel, einem Strick, einem Band festmachen
6 **den Kopf schütteln:** mit dem Kopf nein signalisieren

„Rico, geh auf dein Zimmer", befiehlt[1] mir Mama.

„Bingo?", sagt der Bühl. „Das hab ich noch nie … Ist das nicht was für Rentner?"

„Ja, aber jetzt ist ein Platz frei. Einer von ihnen ist tot, seit letzter Woche. Und Mama gewinnt fast immer!"

Mein Problem beim Bingospielen ist, dass auch die langsamsten Rentner schneller die Zahlen finden als ich.

„Frederico!", sagte Mama streng. „Abmarsch!"

Wenn sie meinen vollen Namen benutzt, wird es kritisch. Warum so ein Theater? Jetzt wird es doch gerade erst richtig spannend. Die beiden müssen ja noch Kaffee trinken und alles. Wer weiß, über was sie reden. Ich kann Mama helfen, denn ich weiß aus den Liebesfilmen von Frau Dahling genau, was man da alles sagen muss, aber von meinem Zimmer aus geht das nicht.

„Und wenn du lauschst[2], verkaufe ich dich bei eBay!"

Der Bühl guckt mich nur an. Von dem kommt keine Hilfe. Wahrscheinlich will er auch mit Mama allein sein.

Mann, Mann, Mann!

Ich gehe also. Mit einem lauten „Bumm" geht meine Zimmertür hinter mir zu. Zehn Minuten später höre ich, wie der Bühl weggeht. Ich gehe leise an die Tür. Danke für den Kaffee und so weiter, aber nichts von Bingo.

Die Wohnungstür geht auf und wieder zu. Ich schieße[3] sofort in den Flur, an Mama vorbei, die so schnell nichts sagen kann. Ich will dem Bühl unbedingt Tschüss sagen, das ist doch nicht verboten. Also die Wohnungstür wieder auf, und ins Treppenhaus und – ein Riesenunfall.

Vor der Tür sind drei Männer einer gegen den anderen gelaufen. Einer ist Bühl, klar. Aber die anderen beiden? Der eine ist der Marrak, der gerade nach oben will, seine Post liegt auf dem Boden. Der andere ist der Kiesling, der nach unten will. Der Bühl und die beiden vor unserer Tür. Der Kiesling starrt den Bühl an, der

---

1 **befehlen:** ein Kommando geben
2 **lauschen:** hören, was die andern sagen, aber die wollen das nicht
3 **schießen:** wie ein Projektil aus der Pistole

Marrak sucht seine Post, Bühl steht hilflos in der Mitte. „Entschul-
digung!" sagen sie alle drei im selben Moment, dann hört man:
„Warum passe ich auch nicht besser auf?", „Nicht so schlimm!" und
„Wem gehört das Kind?"
Ein Kind? Ja, da steht es und sieht die drei Männer böse an. „Zum
Glück habe ich meinen Helm!" Es ist Oskar. Besuch für mich!

Mama ist ganz platt¹, dass jemand mich besucht. „Du hast gar keine
Freunde!" sagt sie immer. Jetzt habe ich einen. Er ist natürlich sehr
klein und sicher auch sehr jung, aber das interessiert Mama nicht.
Sie findet Oskars blauen Motorradhelm viel interessanter.
„Seit wann trägt man solche Dinger beim Radfahren?", sagt sie.
„Ich hab kein Fahrrad", sagt Oskar.
„Na, ein Motorrad aber sicher auch nicht."
„Es ist gefährlich ohne Helm", erklärt er. „Es passieren so viele
Unfälle."
„Aber nicht in meiner Küche, junger Mann!", sagt Mama energisch.
Oskar fühlt sich nicht gut hier mit Mama. Unter seinem Helm sieht
er sie ängstlich an. Er trägt ein anderes Hemd als am Samstag, aber
der kaputte rote Flieger hängt wieder auf seiner Brust², über dem
Herzen³. Wahrscheinlich hat Oskar Angst, Mama will, dass er den
Helm endlich vom Kopf nimmt.
Aber das ist nicht so. Mama kennt sich aus⁴ mit komischen Leuten.
Sie sagt nichts, sie guckt nur.
Jetzt guckt sie Oskar an, wie ein Naturforscher⁵, der eine unbe-
kannte Pflanze sieht. Ich will auch gern wissen, wie Oskar unter
dem Helm aussieht. Vielleicht hat er zwei ganz komische Ohren.

---

1 **platt sein:** (umgangssprachlich) etwas nicht gedacht haben
2 **die Brust:** Körperteil, hinter dem wichtige Organe sitzen, zum Beispiel das Herz
3 **das Herz:** zentrales Organ, das Blut pumpt, auch Sitz der Liebe
4 **sich auskennen mit etwas:** Experte sein für etwas
5 **der Naturforscher:** Experte, der alles über die Natur wissen will

Oder gar keine – wie ein Entführungsopfer[1] von Mister 2000, wenn die Eltern nicht genug Geld haben.

Jetzt sieht Oskar plötzlich Mama direkt in die Augen und sagt: „Sie können mich ruhig weiter anstarren. Das stört mich nicht. Aber dann starre ich zurück."

Und das tut er. Zum ersten Mal sehe ich, wie grün seine Augen sind. Hell wie Lampen. Warum bin ich nicht auch hochbegabt? Wenn Mama mich anstarrt, schaue ich lieber sofort zu Boden. Man kann also auch zurückstarren!

Wer weiß, wer von den beiden gewinnt? Ich warte.

Mama sagt plötzlich: „Ich brauch neue Fußnägel[2]."

Oskar und ich gucken gleichzeitig auf ihre Fußnägel. Auf jedem ist ein kleiner Delfin.

„Keine Delfine mehr?", fragt Oskar.

„Mal sehen. Vielleicht andere Fische."

Sie stellt ihre Kaffeetasse weg und geht aus der Küche.

Oskar sagt ganz leise zu mir: „Delfine sind keine Fische."

„Sie mag dich", sage ich.

Er schüttelte den Kopf. „Sie findet mich komisch, wegen des Helms."

Dann spricht er wieder laut: „Jedes Jahr haben fast vierzigtausend Kinder in Deutschland Unfälle. Fast jedes dritte als Beifahrer in Autos. Fast vierzig Prozent mit dem Fahrrad. Und fünfundzwanzig Prozent zu Fuß."

Mathe! Ich hab's ja schon gesagt: Jetzt verstehe ich gar nichts mehr.

„Die meisten passieren auf dem Schulweg und nachmittags beim Spielen", erklärt Oskar düster[3] weiter. „Von den Fußgängern die meisten, weil sie, ohne zu gucken, über die Straße laufen. Ich gucke immer. Immer!"

Sicher ist das so, wenn man sehr schlau ist – man denkt immer auch an die schlechten Sachen.

Ich habe eine Idee. „Willst du was Interessantes sehen?", frage ich. „Es ist ungefährlich und ganz toll!"

---

1 **das Opfer:** jemand, mit dem jemand etwas Schlimmes macht
2 **der Fußnagel:** meistens fünf, sind hart und transparent am Ende des Fußes oben
3 **düster:** dunkel, pessimistisch

„Was denn?"

„Warte, muss erst noch kurz mit Mama reden."

Ich laufe ins Wohnzimmer – schneller Tag heute –, Mama schaut
aus dem Fenster. Sie ist ganz weit weg. Von Nagellack[1] nichts zu
5   sehen.

„Wie findest du ihn?", flüstere ich.

„Ich finde ihn merkwürdig[2]. Ein Kind mit Sturzhelm –"

„Ich meine nicht Oskar. Ich meine den Bühl!"

„Oh …" Plötzlich sieht sie müde aus.

10 „Rico, pass mal auf", sagt sie nach einer Pause. „Ich weiß, dass du
von einem Vater träumst. Aber das bedeutet nicht, dass ich mit
jedem Mann anbändeln[3] kann, der dir gefällt."

„Okay, aber sag mir doch einfach, wie du ihn findest. Bitte!"

„Simon Westbühl." Pause. „Tja, also … der Kerl ist die schärfste
15 Schnitte[4], die ich kenne."

Schön, oder? Aber Mama schaute nur wieder aus dem Fenster. Jetzt
sieht sie traurig aus und wie ein einsames[5] Menschenpünktchen
am Horizont.

Manchmal verstehe ich sie wirklich nicht.

 **Übungen**

---

1 **der Nagellack:** kommt – meistens bei Frauen – auf Finger- und Fußnägel, traditionell rot
2 **merkwürdig:** komisch, nicht normal
3 **mit jemandem anbändeln:** (umgangssprachlich) mit jemandem eine Liebesgeschichte beginnen
4 **scharfe Schnitte:** (sehr umgangssprachlich) tolle Frau, toller Mann
5 **einsam:** allein, will aber nicht allein sein

AUF DEM DACH

Die drei Männer sind weg. Vor unserer Wohnung ist niemand mehr. Ich mache die Tür hinter mir zu und frage Oskar: „Wie kommst du eigentlich ins Haus?"

Auf diese Frage wartet er nur. „Die Haustür war auf!", sagt er ganz böse. „Da kann jeder ins Haus! Mörder[1], Einbrecher[2], Betrunkene[3], die in den Flur pinkeln[4]. Das ist *gefährlich!*"

Ich sehe ihn an. Ich lasse die Haustür manchmal auch offen stehen. Keine große Sache, nur für Oskar. In Oskars Leben ist alles gefährlich – scheint er zu denken.

„Und woher weißt du, bei wem du klingeln musst?"

„Vom Namensschild, unten am Eingang." Er spricht jetzt ganz hell und laut. „Der war *offen!*"

„Ja, ja, hast du ja schon gesagt." Ich werde nervös. „Also, woher hast du unseren Familiennamen?"

Er läuft auf seinen kurzen Beinen schnell neben mir her, aber dann wird er endlich ruhiger. „Du hast gesagt, dass dein Vater Italiener war. Doretti ist der einzige italienische Name auf den Klingelschildern."

Ich finde Oskars Idee toll detektivisch.

„Kennst du Miss Marple?", frage ich.

„Nein. Wohnt die auch hier im Haus?"

Ha! Die kennt er nicht, der hochbegabte Oskar!

Die Filme mit Miss Marple kennt doch jeder. Aber vielleicht gucken Hochbegabte kein Fernsehen, sondern sind nur im Fernsehen zu sehen, weil sie die Primzahlen können und so weiter. Also sage ich besser gar nichts. Außerdem: Wenn man jemanden mag, verspottet[5] man ihn nicht, und sicher kann Oskar so etwas zehnmal besser als ich. Ich muss an die kleine Sophia aus Tempelhof mit ihrem Mondgesicht und dem dicken roten Fleck auf dem T-Shirt denken. Die war an ihrer Schule sicher das Verspottungsopfer Nummer eins.

---

1 **der Mörder:** tötet / ermordet jemanden
2 **der Einbrecher:** kommt in die Wohnung und nimmt Sachen mit
3 **der Betrunkene:** hat zu viel Alkohol getrunken
4 **pinkeln:** (umgangssprachlich) urinieren
5 **jemanden verspotten:** böse über jemanden lachen wollen, weil er dumm ist oder komisch

„Nun lauf doch nicht so schnell!", sagt Oskar. Mit seinen kurzen Beinen … „Wo bringst du mich denn hin?"

Wir sind fast im vierten Stock – hier wohnt Fitzke! Und Fitzke wird sauer, wenn es im Treppenhaus laut wird.

„Wir gehen in den Fünften", sage ich leise.

„Was ist da?"

„Na, der Fünfte."

„Ich meine, was wollen wir da?"

„Das siehst du dann noch früh genug. Ich hoffe, du bist schwindelfrei[1]."

„*Schwindelfrei*?", ruft Oskar hell und laut. „Du willst doch nicht etwa mit mir aufs *Dach*[2]?"

Im nächsten Moment hören wir ein „Rumms", eine Tür fliegt auf und es stinkt auf der Treppe. Fitzke steht in seinem schmutzigen Pyjama vor uns. Er hat sich immer noch nicht rasiert und wahrscheinlich auch nicht gewaschen.

„Geht's noch lauter, ja?", ruft er. „Ich hab's am Herzen!" Er starrt Oskar an, der mindestens drei Meter kleiner war als er. Oskar starrt zurück.

„Was bist denn du für'n komischer Vogel[3]? Aus der Klapsmühle[4], was? Ein zweiter Schwachkopf?"

Keine Antwort.

„Kannst du nicht sprechen?" Fitzke klopft mit einem Finger dreimal auf den Helm. „Hallo?"

„Sie stinken!", sagt Oskar plötzlich ganz laut. „In vielen Ländern der Welt werden Menschen krank, weil sie sich nicht waschen können! Hier bei uns haben wir fließendes warmes Wasser und Seife. Benutzen Sie sie!"

Fitzke sieht ihn an wie ein sehr kleines Insekt, das ihn furchtbar nervte und das er gleich platt machen will. Er guckt auf Oskars

---

1 **der Schwindel:** kann ich bekommen, wenn ich sehr hoch oben bin, z. B. auf einem Berg
2 **das Dach:** oben auf einem Haus
3 **komischer Vogel:** (umgangssprachlich) komischer Mensch
4 **die Klapsmühle:** (böse, sehr umgangssprachlich) psychiatrische Klinik

Helm und dann auf das rote Flugzeug an seinem Hemd und wieder zurück zum Helm. Ich sage nichts.

„Wer bist du?", knurrt[1] Fitzke endlich.

„Oskar. Und Sie?"

„Nicht deine Sache. Und jetzt weg, oder ich nehme eure Köpfe und spiele mit ihnen Fußball!"

Tür zu – RUMMS! Oskar geht an die Tür und klingelt.

„Bist du beknackt?", frage ich. „Der macht Hackepeter[2] aus uns!"

„Die Klingel ist kaputt", antwortet Oskar nur. Er klopft laut.

„Was machst du denn da!" Ich nehme ihn bei der Hand.

„So etwas darf er nicht sagen!" Oskar ist böse. „Das sagt er nur, weil ich ein Kind bin!"

„Das ist der Fitzke, der ist so. Wahrscheinlich ist er gar nicht böse."

Ganz sicher ist er böse, aber Oskar soll nicht mehr bei ihm klopfen.

„Und ich bin keiner aus der Klapsmühle!", ruft er.

„Der sagt das zu jedem", sage ich. „Nun komm schon!"

Endlich kommt er. Dann stehen wir vor der Wohnung der Runge-Blawetzkys.

Die RBs sind letzten Freitag in den Urlaub abgezischt. Ich soll mich um ihre Zimmerpflanzen und die Blumen auf dem Dachgarten kümmern. Gegen ein kleines Taschengeld. Alles Geld für mein Sparschwein. Es kann ja sein, dass Mama ein großes Stück von mir von Mister 2000 freikaufen muss.

Bei den RBs geht's durch einen großen offenen Flur in eine noch größere Wohnküche. Aus den Fenstern hat man eine schicke Aussicht[3], über das flache Urban-Krankenhaus und die nächsten Straßen hinweg bis nach Tempelhof. Eine Treppe führt direkt aus

---

1 **knurren:** wie ein böser Hund sprechen
2 **der Hackepeter:** (Berlinerisch) Hackfleisch, sehr kleine Stücke Fleisch
3 **die Aussicht:** was man von einem Punkt sieht, Panorama

der Küche auf den Dachgarten. Mehr gibt es bei den RBs leider nicht zu besichtigen, das weiß ich. Sie haben alle anderen Zimmer abgeschlossen, auch das Zimmer von ihrem dicken Thorben, der mich heimlich immer verarscht[1], wenn es keiner sieht. Ihre Zimmerpflanzen hatten sie vor der Abreise auf den Küchentisch gestellt. Ich gehe mit Oskar direkt die Treppe rauf. Die Wohnung interessiert ihn auch nicht.

Der Dachgarten von den RBs hat die Form von einem Handtuch. Durch die Terrassentür kann man bis zum Geländer[2] gehen und nach unten gucken, oder man geht auf die andere Seite und guckt auf die Dieffe. Die Aussicht ist phänomenal. Das heißt: Großartig, fantastisch, einzigartig, voll cool. Das Wort kenne ich schon.

In der Mitte des Dachgartens sieht man hunderte von Häuserdächern. Am Himmel über einem fliegt fast immer ein Flugzeug.

Oskar sagt nichts. Er steht mit dem Rücken an der Terrassentür, und unter seinem Helm ist er sehr bleich[3]. Er spricht jetzt ganz leise: „Du hast gesagt, hier oben ist es toll und ungefährlich!"

„Ist es doch auch."

Natürlich nicht, wenn ein Flugzeug aufs Haus fällt. Aber das passiert nicht oft.

„Ich war noch nie auf einem Dach", sagt er ängstlich. „Und jetzt weiß ich auch, warum."

Ich zeige auf die Dieffe. „Komm doch an den Rand. Das kannst du ruhig tun."

„Ich kann auch schwimmen", stöhnte er, „aber ich springe nicht in einen Fluss voller Piranhas."

„Was sind Piranhas?"

„Fische, gefährliche Fische. Sie leben in tropischem Süßwasser in Südamerika. Sie machen in ein paar Sekunden Hackepeter aus einem Menschen."

Na gut. Piranhas. Wenn ich jetzt einen treffe, passe ich auf. Aber …

---

1 **jemanden verarschen:** (sehr umgangssprachlich) jemanden verspotten
2 **das Geländer:** am Ende der Terrasse, aus Metall: man soll ja nicht nach unten fallen, (hier) das Ende der Terrasse
3 **bleich:** weiß (im Gesicht)

„Hast du eigentlich immer vor irgendwas Schiss[1]?", sagte ich.

„Das ist kein Schiss. Es ist Vorsicht."

„Reine Vorsicht", wiederholt Oskar.

Ich sehe ihn an. Meine tolle Idee gefällt ihm nicht.

5 Aber ich muss es versuchen.

Neben dem Dachgarten der RBs ist noch einer.

„Magst du mal durch den Pavian gucken?"

„Es heißt Paravent[2]."

„Weiß ich. Nur ein Test."

10 „Was ist dahinter?", sagte Oskar.

„Der Dachgarten vom Marrak."

„Wer ist das?"

„Einer von den drei Männern vor ein paar Stunden im Treppenhaus. Der im roten Anzug. Er hat eine Firma. Sicherheitsmanage-

15 ment, Kontroll- und Schließdienst."

Ich sagte das ohne Probleme. So was Kompliziertes. Und mache
keinen Fehler. Ich habe eine Visitenkarte von dem Marrak und
seiner Firma. Ich habe sie eine Woche lang jeden Tag mindestens
zehn Mal studiert. Jetzt kann ich das alles sagen.

20 Neben mir sagt Oskar einfach nur: „Verstehe."

Ich weiß ja, dass für ein hochbegabtes Kind komplizierte lange
Sätze ein Klacks[3] sind. Wie machen die das nur, dass die so viel
wissen? Und was wissen sie nicht?

„Wie weit ist die Erde vom Mond weg?", frage ich.

25 „Zirka vierhunderttausend Kilometer."

Aha, na bitte! Die Antwort kommt wie aus der Pistole geschossen[4],
aber zirka? Dann kommen wir nicht auf den Mond, dann kommen
wir auf den Mars, den Jupiter oder Uranus.

„Genauer gesagt sind es 384401 Kilometer«, erklärt Oskar mir jetzt.

30 Okay, er weiß es genau.

---

1 **Schiss haben:** (sehr, sehr umgangssprachlich) Angst haben
2 **der Paravent:** (französisch) will man nicht im Wind stehen oder nicht gesehen werden,
dann geht man hinter einen Paravent
3 **etwas ist ein Klacks für jemanden:** (umgangssprachlich) etwas ist sehr leicht für jemanden
4 **wie aus der Pistole geschossen:** (umgangssprachlich) sehr schnell

„Also, willst du dir nun den anderen Dachgarten angucken oder nicht?"

„Warum?"

„Weil ich dir was zeigen will. Es ist kein bisschen gefährlich!", sage ich schnell noch. Ich will seine Sirene nicht noch einmal hören.

„Wir müssen nur ein wenig aufpassen, der Marrak ist vor wenigen Minuten nach Hause gekommen. Vielleicht kommt er bei dem guten Wetter gleich auf die Terrasse."

Langsam, sehr langsam kommt Oskar von der Terrassentür zu mir. Wenn man direkt vor dem Paravent steht, kann man auf die andere Seite gucken. Der Dachgarten vom Marrak ist viel größer als der von den RBs. Es stehen mehr Pflanzen da und er hat schickere Möbel.

„Schick", flüstert[1] Oskar. Er steht jetzt neben mir.

„Was ist das für ein Häuschen?", fragt er. „Da ganz hinten links?"

„Wo ist noch mal links?"

Warum frage ich so dumm? Kommt einfach alles so aus meinem Mund. Das doofe Häuschen sehe ich direkt vor mir, wenigstens sein Dach. Aber Oskar sagt nur: „Links ist, wo man das kleine Dach sieht."

„Genau. Klar. Pass auf: Von dem Häuschen aus kommt man eigentlich über eine Treppe ins Hinterhaus. Aber nur früher, jetzt nicht mehr. Von der Wohnung vom Marrak kann man hineingucken. Die Tür zum Häuschen ist abgeschlossen, im Hinterhaus war mal eine Gasexplosion. Jetzt ist es einsturzgefährlich."

Oskar sieht mich an. „Es ist was?"

„Einsturzgefährlich. Wenn du so schlecht hörst unter deinem komischen Helm –"

„Es heißt gefährdet[2], nicht gefährlich."

„Hab ich doch gesagt."

„Hast du nicht."

---

1 **flüstern:** sehr leise sprechen
2 **einsturzgefährdet:** nicht stabil, kann einstürzen, zusammenbrechen, Menschen im Haus können sterben

„Hab ich wohl[1].“

„Hast du wohl!“

„Hab ich nicht!“

Oskar zieht im Triumph die Nase hoch. „Na bitte.“

Das geht immer alles zu schnell für mich.

Oskar zeigt auf das Häuschen. „Warum soll ich mir das angucken?“

„Weil ich mit dir in das Haus will.“

„Ins Hinterhaus?“

Ich nicke.

„Jetzt spinnst[2] du aber wirklich! Wenn es einsturzgefährdet ist, gehe ich garantiert nicht in das Haus.“

Eigentlich will ich nur endlich sicher sein, dass es keine Tieferschatten im Hinterhaus gibt und keinen Geist von Fräulein Bonhöfer. Mit Oskar habe ich keine Angst. Das kann ein tolles Abenteuer für uns beide werden.

„Das Hinterhaus ist abgeschlossen. Das Häuschen da auch.“

Oskar zeigt auf das Dach. „Keine Chance. Ich bin doch kein Einbrecher!“

„Ich dachte, wir fragen den Marrak nach einem Schlüssel. Er kann ja mitgehen. Wir können gucken, was in den leeren Wohnungen noch alles so steht und liegt“, das ist mein letzter Versuch. „Ein paar tolle alte Sachen. Oder so.“

„Vergiss es.“

Langsam werde ich sauer. „Hast du schon wieder Angst?“, frage ich.

„Mit Angst hat das nichts zu tun. Nur mit Vernunft[3].“

„Also doch!“

„Du kannst einen echt[4] nerven, weißt du das?“, sagt Oskar. Er geht langsam zum Geländer am Rand der Terrasse. Vorsichtig guckt er über das Gitter nach unten. Dann geht er in die Knie und wieder hoch.

---

1 **wohl:** „doch“ oder „sicher“ oder „vielleicht“
2 **spinnen:** verrückt sprechen, Verrücktes erzählen
3 **die Vernunft:** Rationalität
4 **echt:** (umgangssprachlich) wirklich

Oskar sieht mich an.

„Bitte sehr! Zufrieden?"

„Für den Anfang ganz okay", sage ich.

„Und du?", fragt er. „Hast du vor gar nichts Angst?"

„Doch. Ich hab Angst, ich finde aus der Stadt nicht wieder nach Hause", antworte ich. „Du weißt schon. Die vielen links und rechts und so weiter."

„Ist das schon mal passiert?"

„Nee, ich war ja noch nie allein unterwegs. Ist aber auch gar nicht so schlimm, eigentlich. Mama sagt, dann soll ich mich einfach in ein Taxi setzen und nach Hause bringen lassen."

„Gute Idee. Und sonst?"

Ich schüttele den Kopf. Es gibt da etwas, vor dem ich mich noch mehr fürchte[1] als vor dem Nichtnachhausefinden. Ich will es Oskar ja auch sagen, aber erst müssen wir richtige Freunde sein. Freunde erzählen sich ja alles. Richtige Freunde sind wir noch nicht, glaube ich. Ich muss ihn prüfen.

„Kommst du morgen wieder?", frage ich ihn.

Ich spüre[2], wie mein Kopf rot wird. Das ist ein ziemlich schlauer Test, finde ich. Echte Freunde haben immer füreinander Zeit. Wenn Oskar jetzt nein sagt …

Er guckt mich an, wie etwas, das im Regal im Supermarkt vor ihm liegt und von dem er nicht weiß: „Kauf ich es oder kauf ich es nicht?"

„Eigentlich", sagt er sehr langsam, „habe ich morgen schon was vor[3]. Das kann den ganzen Tag dauern."

Fast kann ich hören, wie mein Herz auf den Boden schlägt[4]. Aber nur fast. „Das kann ich aber auch später machen, denke ich", sagte er schnell.

„Sind wir jetzt echte Freunde?", frage ich vorsichtig.

---

1 **sich vor etwas / jemandem fürchten:** Angst haben vor etwas / jemandem

2 **etwas spüren:** etwas körperlich fühlen

3 **etwas vorhaben:** (umgangssprachlich) Pläne haben

4 **schlagen auf etwas:** mit einem „Plopp" fallen

45

Er gibt mir seine kleine Hand. Sie ist ganz warm. „Sind wir das nicht schon die ganze Zeit?"

Jetzt sitze ich hier und schreibe, auch wenn es schon spät ist. Aber es sind ja Ferien. Tja, und jetzt sitze ich hier und muss all meine Gedanken aufschreiben. Sonst sind sie morgen weg.
Erst mal muss ich feststellen, dass es zur Hälfte ein sehr guter Tag war. Oskar ist jetzt mein Freund, auch wenn er einen an der Waffel hat[1], und Mama findet, dass der Bühl eine scharfe Schnitte ist, auch wenn sie nicht mit ihm anbändeln will. Anbändeln ist erst Ausgehen, dann Verlieben, Heiraten und Kindermachen.
Dann frage ich mich plötzlich, was das eigentlich heute im Treppenhaus war, diese drei Männer und dieser Unfall. Ich meine, heute ist Montag! Warum ist da einer wie der Bühl im Treppenhaus unterwegs? Der muss doch einen Job haben. Hat der gerade Urlaub, oder was? Genauso der Kiesling – der muss eigentlich in Tempelhof Zähne basteln[2]. Nur der Marrak, der hat ja seine Firma und kommt und geht, wann er will.
Mann, was freu ich mich auf morgen! Oskar kommt und wir gehen am Landwehrkanal spazieren. Immer weiter! Sehr sehr weit! Und dann erzähle ich Oskar, was meine größte Angst ist und woher sie kommt. Dann erzähle ich ihm die Geschichte, wie mein Papa gestorben ist.

 **Übungen**

---

1 **einen an der Waffel haben:** (umgangssprachlich) verrückt sein, nicht normal sein
2 **basteln:** als Hobby etwas konstruieren

RAUF UND RUNTER

Manchmal wacht man morgens auf, öffnet die Augen und es fällt
einem sofort etwas Schönes ein[1]. Es ist wie eine kleine Sonne im
Bauch und innen wird es ganz warm und hell.
Oskar will um zehn Uhr heute Vormittag kommen. Ich liege im
Bett und denke an unseren Spaziergang am Landwehrkanal.
Mit einem hochbegabten Freund ist Sehrsehrweit ein Klacks.
Wenn man sich doch mal verläuft[2], kann der Freund nach dem
Weg fragen und er vergisst nicht, was ihm die Leute erklären, links
und rechts und alles. Ein Klacks!
Es wird ein schöner Tag mit Oskar. Und heute Abend gehe ich mit
Mama zum Bingospielen.
Ich gucke auf meinen Mickymaus-Wecker. Fast neun Uhr, noch
eine Stunde Zeit. Glaube ich. Vielleicht ist es auch Viertel vor zwölf.
Die Sache mit dem kurzen und dem langen Arm von Micky finde
ich schwierig. Aber Oskar klingelt sicher.
Ich springe aus dem Bett, gehe pinkeln und laufe dann leise in die
Küche. Ich will mir Knuspermüsli machen und Saft trinken. Zehn
Minuten später habe ich gefrühstückt, mir die Zähne geputzt und
bin fix und fertig[3] angezogen.
Viel zu früh.
Wenn ich auf etwas warte oder sonst nicht weiß, was ich gerade
machen soll, setze ich mich im Wohnzimmer in den Nachdenk-
sessel[4]. Ich weiß nicht mehr, seit wann wir ihn haben, aber wir
lieben ihn sehr. Manchmal brauche ich ihn nur, weil in meinem
Kopf die Bingomaschine läuft. Aber man kann darin auch prima
sitzen und Comics lesen oder man guckt zum Fenster raus.
Stunden später steht Mama auf und ich sitze immer noch im Nachdenksessel. Hundert Mal war ich schon am Fenster.
Kein Sturzhelm weit und breit[5].
Kein Oskar.

---

1 **etwas fällt jemandem ein:** jemand hat eine Idee, einen Gedanken
2 **sich verlaufen:** den Weg nicht mehr finden
3 **fix und fertig:** (hier) komplett und perfekt
4 **nachdenken:** reflektieren
5 **weit und breit:** nicht hier und nicht da, nicht zu sehen

Ich schlurfe zu Mama in die Küche, mit viel schlechter Laune in mir. Ich fühle mich schwer und traurig wie ein Elefant. Elefanten gehen zum Sterben in den Dschungel, zu einem Platz mit vielen toten Elefanten. Es ist ein riesiger Friedhof[1].

Unsere Küche ist kein Friedhof, aber wo soll ich denn hingehen? Ich setze mich an den Tisch und erzähle Mama alles. Mama nimmt ihre Tasse und setzt sich mir gegenüber.

„Nun, wie es aussieht, haben wir heute beide keinen guten Start", sagt sie. „Ich muss für zwei, vielleicht auch drei Tage weg."

Unter ihren Augen liegen dunkle Schatten. Schlecht geschlafen? Ich sehe sie an. Sie sieht mich an.

„Verstehst du, Schatz? Ich fahre schon heute Nachmittag. Das bedeutet, dass wir heute Abend nicht zum Bingo gehen können."

Das bedeutet … *was?!*

„Tut mir leid, Rico! Ich weiß, du freust dich immer so darauf."

Na toll, auch das noch! Aber bitte – allein gelassen! Das kenne ich, das kenne ich nur zu gut. Eines Tages kommt Mama nach Hause, Waschmaschine kaputt oder so und ich liege tot im Wasser vor der Maschine! Ja dann …

„Wo musst du denn hin?", frage ich.

„Du erinnerst dich an Onkel Christian?"

Nicht genau, und gar nicht gern. Onkel Christian ist Mamas älterer Bruder, er lebt in Deutschland ganz unten links. Er war mal zu Besuch bei uns in Berlin. Er und Mama im Streit, ich in meinem Zimmer unterm Bett, so laut waren die. Wie er aussieht? Weiß ich nicht mehr.

„Der Doofe?", sage ich. „Was ist mit dem?"

„Es geht ihm nicht gut. Ich muss zu ihm."

„Warum? Was hat er denn?"

„Krebs[2]."

Jeder weiß, was Krebs ist, sogar Forrest Gump. Wenn Mama ein schlimmes Wort so wie ein leichtes sagt, dann geht es ihr nicht gut.

---

1 **der Friedhof:** da liegen die Toten unter der Erde
2 **der Krebs:** (hier) Krankheit mit Tumoren, an der man sterben kann

Sie sagt *Krebs* so fröhlich, wie Frau Dahling an der Fleischtheke
fragt, *darf es auch ein Kilo mehr sein?*

„Muss er sterben?", frage ich langsam.

„Ja. Vielleicht."

Wer weiß, wie lange sie mit dem Zug unterwegs ist. Wenn sie zu
Onkel Christian kommt, ist der vielleicht schon tot. Und ich spiele
dann wegen eines Toten heute nicht Bingo.

„Heute schon?", frage ich.

„Herrgott[1] noch mal!", schreit[2] Mama mich plötzlich an. „Denkst
du immer nur an dich selbst?"

Mama trinkt Kaffee. Jetzt beginnt sie zu weinen. Das ist wie eine
Regenwolke in unserer Küche. Es ist schrecklich, wenn Mama
weint. Die Welt wird dann so dunkel.

Und ich denke nur an mich! Jetzt tut es mir leid. Oskar ist nicht
hier und ich spiele heute nicht Bingo, aber Mamas Bruder stirbt.
Mamas Unglück ist größer als meins. Ich stehe auf, gehe zu ihr und
nehme sie in den Arm. Mama weint jetzt an meiner Schulter.

„Im Moment –".

„Ist schon in Ordnung", sage ich.

„Du musst dich ein paar Tage um dich selber kümmern. Das
schaffst du, mein Großer, oder?"

„Klar."

„Ich lass dir Geld hier, und wenn etwas ist, gehst du zu Frau Dahling,
ja? Ich rufe sie bei Karstadt an."

„Brauchst du nicht. Ich geh heute Abend zu ihr und sag's ihr selber."

„Okay. Du kannst mich immer auf dem Handy anrufen." Sie sieht
mir ins Gesicht. „Ich liebe dich über alles! Das weißt du doch?"

Eigentlich will ich mich entschuldigen, aber auf einmal fällt mir
etwas Schreckliches ein. Der schreckliche Gedanke ist der: Wenn
Mamas Bruder Krebs hatte, bekommt sie den vielleicht auch, weil
sie sich bei ihm –

„Rico?"

„Hm?" Jetzt weine ich und ich habe kein Taschentuch.

---

1 **Herrgott noch mal:** böser Ausruf
2 **schreien:** aggressiv und laut rufen

„Krebs ist nicht ansteckend[1]. Hörst du?"

Jetzt fühle ich mich besser. Mama lügt mich nie an.

„Der Zug geht schon um halb drei. Schätzchen, ich möchte gern was tun wegen deinem kleinen Motorradfahrer, aber ich muss noch packen, duschen, am Bahnhof ein Ticket kaufen …"

„Mach mal", sage ich.

Ich sehe sie aus der Küche gehen, an ihrem Schlafzimmer vorbei. Langsam werde ich ruhiger. Mama kriegt[2] keinen Krebs, zum Bingo gehen wir nächsten Dienstag, und Oskar kommt sicher früher oder später. Er hat Pläne, ich weiß das ja. Vielleicht war das Wichtige doch wichtiger als ein Spaziergang am Landwehrkanal und er schneit später herein[3]. Und auch, wenn er erst morgen oder übermorgen kommt, macht Frau Dahling heute Abend sicher Brote für mich und wir sehen zusammen fern, auch wenn kein Wochenende ist! Vielleicht einen Film mit Miss Marple, das ist fast so gut wie Bingospielen.

Vor einer Minute war das Leben noch dunkler als der dunkelste Tieferschatten. Jetzt war es auf einmal wieder voller Möglichkeiten.

Um kurz nach zwei nimmt Mama sich ein Taxi. Ich gehe mit ihr nach unten. Mama gibt mir noch einen Kuss, dann fährt sie weg. Ich winke[4] ihr nach.

Ich gehe wieder nach oben und setze mich in den Nachdenksessel. Was soll ich bis zum Abend machen? Den Blumen bei den RBs Wasser geben, aber wenn Oskar doch noch kommt, höre ich ihn nicht klingeln.

Aber Oskar kommt sicher nicht mehr.

---

1 **ansteckend:** wer mit einem Kranken Kontakt hat, wird auch krank
2 **kriegen:** (umgangssprachlich) bekommen
3 **hereinschneien:** plötzlich ins Haus kommen
4 **winken:** mit der Hand in die Ferne grüßen

Ich bin ja auch doof. Warum habe ich seine Telefonnummer nicht?
Seinen Nachnamen weiß ich auch nicht. Eigentlich weiß ich gar
nichts über ihn, nicht einmal, wo er wohnt.
„So doof!", wiederhole ich leise.
5 Den langen Tag allein!
Ich lese einen Comic.
Ich trinke Saft.
Ich laufe runter[1] in den Ersten und klingle bei Berts.
Mit Berts kann man sich prima unterhalten, aber er ist nicht da.
10 Pech[2]. Wenn Oskar in der Zeit doch noch da war und geklingelt
hat, sogar doppeltes Pech. Gehe ich noch im Parterre zum alten
Mommsen? Der erzählt manchmal spannende Geschichten, so wie
die mit dem explodierten Fräulein Bonhöfer, und er hat immer
Schokolade im Schrank. Aber meistens ist er nur betrunken und
15 redet Blödsinn[3].
Der Mommsen ist außerdem Witwer[4] und zu dick und er hat auch
keine schönen Zähne. Wahrscheinlich putzt er sie nicht ordentlich.
Jule sagt: „So einen will keine Frau haben." Also kennt Mommsen
sicher auch das graue Gefühl. Wenn er es heute hat und es, weil es
20 schon im Haus ist, später auch noch zu Frau Dahling kommt, wird
mir das zu viel. Nach Mamas Regenwolke und meinem Elefanten-
gefühl habe ich für heute genug Traurigkeit.
Also wieder nach oben.
Es ist schrecklich still im Haus.
25 Ich gehe zurück in die Wohnung.
Ich mache den Fernseher an und fünf Minuten später wieder aus.
Ich tue meine schmutzige Wäsche in die Waschmaschine.
Ich mache mein Bett.
Ich setze mich auf das Bett.
30 Langweilig.

---

1 **runter:** (gesprochenes Deutsch) nach unten
2 **das Pech:** kein Glück, Unglück
3 **der Blödsinn:** Dinge, die nichts bedeuten, dumme Dinge
4 **der Witwer:** seine Frau ist tot, bei der Witwe ist der Mann tot

Warum warte ich noch? Oskar kommt nicht mehr. Und wenn er doch noch kommt, soll er zum Teufel[1] gehen. Der denkt doch wohl nicht, dass ich wegen ihm den Blumen von den RBs kein Wasser gebe!

Also nach oben.

Oben angekommen, bin ich schon nicht mehr sauer auf Oskar. Ich langweile mich ja ganz von allein.

Die meisten Pflanzen von den RBs haben noch genug Wasser, alle übrigen bekommen was.

Dann wieder runter.

Zwischen dem Dritten und dem Zweiten treffe ich den Marrak, in seinem schicken roten Arbeitsanzug und mit seinem proppevollen[2] Wäschesack. Wenn Frau Dahling ihn so sieht, sagt sie immer: „Typisch Mann! Wenn die letzte Unterhose und das letzte Hemd schmutzig ist, darf die Freundin dann die ganze Nacht waschen!" Vielleicht hat der aber gar keine Freundin. In der Dieffe 93 ist nie eine zu sehen.

„Tach, Herr Marrak", sage ich und will weiter.

„Hi Rico." Er stellt den Wäschesack auf den Boden.

„Mal wieder unterwegs? In welcher Wohnung warst du denn jetzt?" Er meinte es nicht böse. Ich war nach unserem Einzug bei ihm, musste ja seine Wohnung angucken. Hab sogar eine Cola bekommen. Natürlich erzählt Mama ihm sofort, dass ich tiefbegabt bin und mir deshalb so gern andere Wohnungen angucke, weil ich auf der Straße immer geradeaus laufen muss und nicht so viel sehe von der Welt. Mama erzählt es jedem im Haus, alle Nachbarn verstehen das und lassen mich rein. Nur der Fitzke natürlich nicht. Die Kesslers fragen sogar manchmal: „Kommst du uns nicht mal wieder besuchen?" Aber ihre Zwillinge gehen mir auf die Nerven[3]. Der Marrak hat mir sogar noch seine Visitenkarte geschenkt. Wenn wir uns jetzt sehen, sind wir nett zueinander, aber in seine Wohnung lädt er mich nicht mehr ein. Vielleicht kann er

---

1 **der Teufel:** Beelzebub, Satan
2 **proppevoll:** (umgangssprachlich) sehr voll
3 **jemandem auf die Nerven gehen:** jemanden sehr stören oder irritieren

mir mal mit einem von seinen vielen Schlüsseln das weiße Häuschen auf seinem Dachgarten aufschließen, aber das tut er sicher
nie. Erwachsene haben immer Schiss, dass sie Ärger mit der Polizei
kriegen.

5 „Ich hab den Blumen von den Runge-Blawetzkys Wasser gegeben",
erkläre ich dem Marrak. „Die machen Urlaub."

„Wer?"

„Was?"

„Die Blumen oder die Runge-Blawetzkys?"

10 Ich sehe ihn an. Will der mich veräppeln[1]? Seit wann machen
Zimmerpflanzen Urlaub?

Jetzt lacht er. „Kleiner Scherz[2]. Ein Rico-Scherz. Verstehst du?"

Der spinnt doch! „Nun guck nicht so böse! War doch ein guter
Witz. Kleiner Spaß zwischen Männern. Entschuldigung, okay?"

15 „Okay", sage ich langsam.

Ich lasse mich nicht gern veräppeln. Aber einmal ist keinmal
und ich bin nur noch ein bisschen sauer, weil der Marrak sonst
immer freundlich zu mir ist. Der richtige Mann für Mama ist er
aber sowieso[3] nicht. Mama braucht keinen Mann, dem sie immer
20 die Klamotten waschen muss. Dann noch Putzen, Aufräumen
und so weiter. Der Marrak ist schrecklich unordentlich. In seiner
Wohnung sieht es schrecklich aus.

Er nimmt den Wäschesack wieder auf. „Grüß deine Mutter von
mir."

25 „Geht nicht, die ist für ein paar Tage weg."

Er bleibt stehen und sieht mich an. „Und wer passt in der Zeit auf
dich auf?"

„Ich selber und Frau Dahling."

„So. Na ja." Er macht ein komisches Gesicht. Gefällt ihm das nicht?
30 „Offen gesagt verstehe ich manche Eltern nicht. Setzen Kinder in
die Welt, und lassen sie dann den ganzen Tag allein, vor der Glotze
oder vorm Computer."

---

1 **jemanden veräppeln:** über jemanden lachen wollen, jemanden verspotten
2 **der Scherz:** etwas zum Lachen
3 **sowieso:** auch ohne das, auch so

„Ich sitze nicht den ganzen Tag vor –"

„Oder sie lassen die Kleinen allein im Haus und in der Stadt herumlaufen[1]. Was ist mit Mister 2000? Sagt ihnen das nichts?"

„Meine Mutter lässt mich nicht –"

„Er kann die Kinder entführen, weil sie allein in der Großstadt unterwegs sind!"

Jetzt bin ich doch wieder sauer, aber ich nicke nur. Warum sage ich nichts? Mama lässt mich nicht allein durch die Stadt laufen! Aber dieser Blödmann hört mir sowieso nicht zu. Wenn ich etwas sage, wird der Marrak sicher nur noch böser, und am Ende soll ich ihm vielleicht auch noch beim Tragen helfen.

„Ich muss los", sage ich.

„Ich auch", sagt er und nimmt den Wäschesack über die Schulter. „Schönen Tag noch!"

„Ihnen auch."

Ich laufe die Treppe runter. An der Wohnungstür höre ich den Marrak weiter oben auf der Treppe. „Verdammter fünfter Stock", sagt er leise. „Das nächste Mal ein Haus mit Lift!"

„Kauf dir eine Waschmaschine!", denke ich.

In der Wohnung geht die Langeweile weiter.

Ich setze mich in den Nachdenksessel.

Ich lese ein bisschen im Lexikon und lerne drei neue Wörter.

Ich gucke zum Fenster raus und döse[2].

Ich vergesse die drei neuen Wörter.

Ich gehe in die Küche und trinke noch einen Saft.

Ich esse noch ein Müsli.

Ich spüle das Glas und den Müsliteller und den Löffel ab.

Ich sehe den Mülleimer. Der Sack ist ganz voll – wenigstens etwas!

Wenn ich jetzt den Müll in den Hof bringe und dann in mein Tagebuch schreibe, geht der Nachmittag viel schneller vorbei.

Also wieder runter.

---

1 **herumlaufen:** ohne Plan, ohne Ziel laufen / gehen
2 **dösen:** an nichts denken, träumen, leicht schlafen

Die Müllcontainer stehen im Hinterhof[1], entlang der Mauer zum Nachbarhaus. Die große Tür zum Hinterhof geht seit ein paar Wochen sehr schwer. Der Mommsen muss das reparieren, weil es immer schlimmer wird, aber wahrscheinlich säuft[2] er lieber.

5 Im Hof steht er dann, der Mommsen. Er macht dienstags immer sauber, betrunken oder nicht.

„Tach, Herr Mommsen", sage ich.

Er schwankt[3] ein bisschen und sieht mich an. „Wer bist du?"

„Rico Doretti. Zweiter Stock."

10 „Weiß ich", sagt er. „Hältst du mich für doof, oder was?"

Besser nicht antworten. Ich halte ihm die Tür auf.

„Wollen Sie nicht vielleicht noch die Tür reparieren?", frage ich.

„Geh spielen!"

„Mach ich. Schönen Tag noch!"

15 „Schön ist anders." Er geht endlich.

Ich gehe an den Container. Der Müllsack fliegt hinein und da sehe ich es: Mitten im Container liegt ein kleines, rotes Flugzeug. Ich gucke hoch. Dunkle Wolken. Ganz oben, auf dem Dachgarten der RBs, ein letztes bisschen Sonne. Es gibt nur eine Möglichkeit,

20 wie der kleine Flieger in den Container kommt: Er ist gestern bei Oskars Gymnastik auf dem Dachgarten runtergefallen.

Ich mache einen ganz langen Arm und versuche den Fundflieger aus dem Container zu fischen, ohne mich dabei schmutzig zu machen. Ich brauche etwas Zeit, aber dann habe ich ihn und gucke

25 ihn mir an. Sauber ist er. Oskar freut sich sicher, wenn ich ihm den Flieger zurückgebe.

Dann wieder rauf[4] in den Zweiten.

Jetzt freue ich mich auf einen schönen Abend mit Frau Dahling und ihre Brote!

 Übungen

---

1 **der Hinterhof:** Platz zwischen Vorder- und Hinterhaus
2 **saufen:** trinken wie ein Tier, viel Alkohol trinken
3 **schwanken:** nicht stabil stehen
4 **rauf:** (gesprochenes Deutsch) nach oben

DIE SONDERSENDUNG

Beide Arme von Mickymaus stehen auf zwölf. Es ist also schon nach Mitternacht. Im Hinterhaus sehe ich einen riesigen Tiefer-schatten.

Deshalb gehe ich jetzt ins Wohnzimmer.

5 Alle Lampen sind an. Kein Mond zu sehen heute. Hinter den Fens-tern dunkle Nacht. Stürmischer Wind geht durch die Bäume.

Ich sitze vor dem Computer und tippe[1] mein Tagebuch. Ich brauche einen Plan.

Warum kann ich nicht schneller denken?

10 Soll ich Mama anrufen? Dann macht sie sich nur Sorgen[2].

Ich muss alles allein machen.

Ich habe große Angst.

Was ist passiert?

Um kurz vor halb acht bin ich nach oben. Ich will die Abendschau

15 sehen. Na gut, eigentlich will ich Frau Dahlings Brote essen.

Ich klingle bei ihr. Keine Antwort. Natürlich nicht! Jetzt weiß ich es wieder: Frau Dahling arbeitet unter der Woche bis acht. Sie kann noch gar nicht zu Hause sein. Manchmal bin ich so ein Depp[3]!

Im Stockwerk über mir höre ich jemand auf der Treppe laufen.

20 Ein fröhliches kleines Pfeifen[4]. Von Fitzke kann es nicht kommen, der ist garantiert der unfröhlichste Mensch auf unserem Planeten.

Eine Tür fällt zu. Dann nichts mehr.

Ich also rauf in den Vierten. Auf dem Treppenabsatz steht ein voller blauer Müllsack. Ich sehe Farbe, Plastikfolie, rot und gelb

25 und orange. So ein Glück! Der Bühl ist zu Hause, und ich habe

---

1 **tippen:** auf der Tastatur schreiben
2 **die Sorge:** ängstlicher Gedanke
3 **der Depp:** (umgangssprachlich) dummer Mensch
4 **pfeifen:** Musik machen, Töne produzieren mit den Lippen

eine halbe Stunde Zeit. Wenn ich es gut mache, darf ich in seine Wohnung.

Ich klingle. Er öffnet sofort, mit seinen schönen weißen Zähnen und den schwarzen Haaren. Er sieht mich erstaunt[1] an.

„Rico! Ist was passiert?"

Warum fragen so viele Leute, wenn ein Kind bei ihnen klingelt, immer gleich: „Ist was passiert?"

Ich schüttele den Kopf und will ihm die Hand geben. „Guten Abend! Mein Name ist Frederico Doretti. Ich bin –"

„Ehm ... Ich weiß, wie du heißt."

Manche Leute können nicht mal für zehn Sekunden den Mund halten[2]. In meinem Kopf startet die Bingomaschine. Mir wird warm. Hand geben geht nicht mehr. Man kann sich nicht auf alles in einem Moment konzentrieren, und an normalen Tagen sagt immer Mama alles für mich.

„Mein Name ist Frederico Doretti!", wiederhole ich laut. „Ich bin ein tiefbegabtes Kind! Deshalb kann ich zum Beispiel nur geradeaus laufen und sehe nur wenig von der Welt!" Ich werde immer schneller. „Aber ich guck mir gern Wohnungen von anderen Leuten an, darf ich in die Wohnung kommen?"

Herzlichen Glückwunsch, Rico! Am liebsten möchte ich weglaufen. Warum sage ich so etwas? Jetzt fühle ich mich blöd.

„Tiefbegabt?", fragt der Bühl.

„Das bedeutet, ich kann viel denken, aber nicht besonders schnell", gebe ich meine Erklärung.

„Ohhh-kay", sagt er sehr langsam.

„Das heißt aber nicht, dass ich dumm bin. Zum Beispiel ist der Mond 384401 Kilometer weit von der Erde weg."

„Verstehe." Wieder sehr langsam.

„Das weiß ich erst seit vorgestern, und vielleicht vergesse ich es bald wieder. Manchmal fällt mir nämlich was aus dem Kopf, nur weiß ich vorher nicht, wo."

---

1 **erstaunt:** er weiß nicht, was passiert oder warum der andere da ist
2 **den Mund halten:** (umgangssprachlich) nichts sagen

„Tja, wenn das so ist …" Jetzt lacht der Bühl freundlich. Er macht
die Tür auf. „Dann komm mal rein."
Ich gehe an ihm vorbei und er schließt die Tür.
Es riecht nach Wandfarbe.
5 „Ich hoffe, ein bisschen Unordnung[1] stört dich nicht",
sagt der Bühl. „Der Umzug, du verstehst schon."
Ich schüttele den Kopf. Das ist total okay. Nur wenn er dann mit
Mama zusammen ist, muss das anders werden.
Die Tür gleich neben mir steht offen, da gehe ich rein. Es ist das
10 Wohnzimmer, und wie sieht es da denn aus? Wohnt hier der Winter
persönlich? Kein Teppich, alles weiß, Boden und Wände, genauso
die Regale. Bücher und CDs auf dem Boden. Kein Bild, kein Poster,
keinen schönen Schnickschnack[2], wie bei Frau Dahling oder bei
uns in der Wohnung. Ein weißes Sofa, davor ein Tisch. Ein leeres
15 Glas steht auf einer BILD-Zeitung[3]. Genau auf dem Foto von der
nackten[4] Cindy. Cindy kommt aus Hohenschönhausen, steht da, ist
zweiundzwanzig und von Beruf Friseurin. Echt, dass der Bühl sich
so was Schweinisches[5] anguckt! Auf dem Tisch liegen dann noch
Stifte und ein Notizbuch. In einer Ecke des Raums steht ein kleiner
20 Fernseher auf dem Fußboden, in der anderen ein CD-Player.
„Alles in Ordnung?", fragt der Bühl hinter mir.
Wahrscheinlich kann man auf so eine Frage nur ja antworten. Also
sage ich ja.
„Wie geht's denn deiner Mutter?"
25 Ich gucke nach oben, nach rechts und links und auf den Boden.
Alles weiß hier!
„Rico?"
„Hm?"
„Wie geht es deiner Mutter?"
30 „Sie findet, dass Sie eine scharfe Schnitte sind. Aber …"

---

1 **die Unordnung:** das Chaos
2 **der Schnickschnack:** (umgangssprachlich) kleine Dinge zur Dekoration, Souvenirs
3 **die BILD-Zeitung:** populäre Tageszeitung mit großen Bildern, großen Titeln, wenig Text
4 **nackt:** ohne Kleidung
5 **etwas Schweinisches:** (umgangssprachlich) für Schweine, schmutzig (moralisch)

Er steht in der Tür und guckt mich an. Er wartet.

„Ja?", sagt er. „Aber?"

„Na ja, ich glaube, sie kann sich nicht in Sie verlieben, weil sie dann an Papa denken muss."

„Oh – verstehe." Jetzt guckt er, wie einer, der gerade eine schlechte Note in einer Klassenarbeit kriegt.

„Ich, ehm, … lebt ihr nicht allein?"

„Doch, doch. Papa ist schon lange tot."

Und jetzt guckt er wie einer, dem der Lehrer sagt, dass das die falsche Arbeit war und er doch eine Eins[1] hat.

„Das tut mir leid für dich." Dann: „Es tut mir leid für euch!"

„Es war an einem stürmischen Tag", sage ich wie automatisch. „Im Herbst war das. Papa war –"

Ein Handy klimpert[2]. Hübsch, wie eine Maus auf den Tasten eines Klaviers.

„Entschuldigung! Nicht weglaufen, ja? Ein wichtiger Anruf. Kann aber nicht lange dauern." Er läuft aus dem Zimmer.

Frederico, denke ich, du spinnst doch wohl! Ich kann dem Bühl doch nicht alles einfach so erzählen. Wir sind nicht einmal Freunde. Das geht nicht!

Jetzt ist er in der Küche. Er spricht ganz leise, ich verstehe kein Wort und will in den Flur, da höre ich besser. Aber da ist das Telefonat auch schon beendet. Der Bühl kommt wieder.

„Ich muss leider gehen", sagt er.

Seine Jacke hat er schon in der Hand.

„Aber komm doch morgen am späten Nachmittag wieder", sagt er.

„Dann habe ich mehr Zeit für dich und deine Geschichte. Ok?"

„Ich weiß nicht, …"

„Wenn du sie mir lieber nicht erzählen willst, ist das auch ok. Aber die Einladung steht, okay?"

---

1 **die Eins:** in Deutschland die beste Note
2 **klimpern:** spontan auf der Tastatur eines Klaviers/Pianos spielen

Wir gehen zur Tür.

„Und jetzt raus hier, du tiefbegabter Schnüffler[1]!"

Ich klingle bei Frau Dahling. Sofort geht die Tür auf. Frau Dahling
lacht fröhlich. Da weiß ich plötzlich, dass das graue Gefühl ganz
5 oft zu ihr kommt. Zum ersten Mal frage ich mich, warum sie keine
Kinder hat.

„Mama ist weggefahren", erkläre ich ihr.

„Sie kommt frühestens übermorgen zurück."

„Wo ist sie denn hin?"

10 „Zu ihrem Bruder unten links. Er hat Krebs."

„Du liebe Zeit[2]!" Frau Dahling macht die Tür zu und sieht mich an.

„Ist es ernst[3]?"

„Christian. Mehr Brüder hat Mama nicht."

„Das weiß ich. Ich meine: Ist es schlimm?"

15 „Ach so … Keine Ahnung."

Frau Dahling schüttelt traurig den Kopf. „Tja, es trifft wohl immer
die Falschen."

„Wer ist denn der Richtige?"

„Der Mommsen", sagt sie.

20 „Was ist mit dem?"

„Ich streite mich immer mit ihm, jetzt gerade erst wieder. Seit
Wochen geht die Tür zum Hinterhof nicht richtig auf, es wird von
Tag zu Tag schlimmer!"

Ich sage nichts und gehe mit ihr in die Küche. „Aber Krebs ist nicht
25 ansteckend", sage ich. Sie soll nicht weiter vom Mommsen reden.
Wenn sie so sauer ist, vergisst sie noch die Brote.

---

1 **der Schnüffler:** (umgangssprachlich) Detektiv, wie ein Hund, der an allem riecht (schnüffelt)
2 **du liebe Zeit:** Ausruf, wenn etwas Schlimmes passiert
3 **ernst:** nicht lustig, hier: schlimm – aber auch ein Name: Ernst

Aber jetzt denkt sie endlich ans Essen: „Ich war gerade in der Küche. Hast du auch Hunger?" Sie wartet nicht auf meine Antwort. „Gut, dann mach ich uns Brote."

Sie holt Wurst und Käse, Gürkchen und Tomaten aus dem Kühlschrank. „Außerdem, du hast Glück, ich habe einen neuen Film da!"

„Ist es ein Krimi?"

„Liebesfilm. *Pretty Woman*. Kennst du den schon?"

„Nein. Worum geht's[1]?"

„Um ein Callgirl, das sich in einen reichen Mann verliebt."

„Was ist ein Callgirl?"

„Tja." Frau Dahling guckt in den Kühlschrank.

„Wo ist denn nur die Butter?"

„Da hinter der Milch. Was ist ein Callgirl? Wissen Sie's nicht?"

„Doch, ich …" Sie guckt mich an, die Butter in einer Hand.

„Ach, ich denke, du bist groß genug für so was."

„Groß genug für wie was?"

„Für diese Dinge." Sie legt die Butter auf den Tisch. „Also, ein Callgirl, das ist eine Frau, mit der haben Männer für Geld einen schönen Abend."

„So wie Mama?"

„Nein. Nein-nein-nein!" Sie schüttelt den Kopf. „Deine Mama arbeitet nur in einem Club, in dem Callgirls Männer kennenlernen! Sie passt auf und dass sie, ehm … dass sie genug trinken, wenn ihnen zu warm wird."

„Sie ist Geschäftsführerin im Club!", sage ich. „Sie sagt, welche Getränke eingekauft werden und so etwas."

„Und so etwas, ja", sagt Frau Dahling.

Sie nimmt Brot aus dem Schrank. „So, nun will ich mal das Essen machen. Setz dich ins Wohnzimmer und mach schon mal die Flimmerkiste[2] an. Dann kannst du mir beim Essen erzählen, was in der Welt los ist."

---

1 **Worum geht's?:** Was ist das Thema? Was passiert?
2 **die Flimmerkiste:** (umgangssprachlich) der Fernseher

Sie meint Politik.

„Das vergesse ich sofort wieder."

„Das kannst du. Das vergisst du nicht. Das weiß ich."

„Aber Politik verstehe ich nicht."

5 „Wenn alle, die sie nicht verstehen, in dein Förderzentrum kommen, ist es bald sehr voll da. Nun geh schon, husch, husch[1]!"

Lust hab ich keine, aber ich gehe ins Wohnzimmer. Ich lasse mich aufs Sofa fallen und mache die Riesenglotze an. Da spricht eine Frau.

10 *„– der seit drei Monaten in ganz Berlin Kinder entführt, hat ein sechstes Opfer. Unsere Sondersendung informiert Sie über die aktuelle Lage."*

Jetzt sieht man die Frau. Sie versucht ganz wie eine zu gucken, die sich Sorgen macht. Es geht ja um ein Kind. Aber das glaube ich

15 ihr nicht. Die gucken immer so ernst im Fernsehen, wenn es um Kinder geht, und im Supermarkt fahren sie mit dem Einkaufswagen über deine Füße, weil du ihnen im Weg stehst.

Aber das hier ist spannend. Der Kidnapper hat erst letzten Samstag ein Kind freigelassen und jetzt holt er sich schon wieder ein neues.

20 Jetzt sieht man eine Karte von Berlin, ein paar Stadtbezirke[2] einer nach dem anderen: Wedding, Charlottenburg, Kreuzberg und Tempelhof, Lichtenberg.

„Einmal hier, einmal da. Warum? Das wissen wir nicht. Bei der Polizei denkt man, Mister 2000 fährt mit dem Auto durch die Stadt,

25 *und wenn er ein Kind allein sieht, ruft er es zu sich."*

Nun sieht man als letzten Bezirk auch noch Schöneberg, von da kommt also das neue Opfer.

„Und", ruft Frau Dahling aus der Küche, „was gibt's Neues?"

„Der ALDI-Kidnapper hat wieder ein Kind entführt!"

30 „Oh mein Gott!… Stell mal lauter!"

Ich stelle lauter.

„Zum ersten Mal hat der Vater eines Opfers nicht bezahlt. Er hat erst die Polizei gerufen."

---

1 **husch, husch:** Ausruf für „schnell, schnell"
2 **der Stadtbezirk:** großes Stadtviertel, Stadtteil

Jetzt sind die sechs Bezirke nicht mehr zu sehen. Oben links steht *Live-Sendung*.

Man sieht einen jungen Mann. Er hat viele Mikrofone vor der Nase, man kann sein Gesicht nicht sehen. Von allen Seiten rufen Reporter ihm Fragen zu.

„Warum haben Sie die Polizei informiert? Der Kidnapper sagt immer, die entführten Kinder –"

„Ich habe das Geld nicht", sagt der junge Mann. „So einfach ist das." Ganz böse sagt er noch: „Keine Bank der Welt gibt mir einen Kredit. Nicht mal für ein entführtes Kind. Deshalb bin ich zur Polizei."

„Was ist Kredit?", rufe ich in Richtung Küche.

„Geld, das man sich für eine Zeit leiht!", ruft Frau Dahling zurück. „Später muss man mehr zurückzahlen, als man gekriegt hat."

Genau in diesem Moment kommt ein Foto des neuesten Opfers. Mir bleibt das Herz stehen.

Das Kind ist ein Junge.

Der Junge ist Oskar.

Auf dem Foto trägt er seinen Helm nicht, aber ich erkenne ihn sofort. Keiner hat so grüne Augen wie Oskar und keiner hat so große Zähne.

Dann spricht wieder der Vater: „Gestern ist Oskar gegen neun Uhr dreißig von zu Hause weg. Einen Freund besuchen. Aber bei dem Freund kommt der kleine Oskar nie an. Ohne Helm zu einem Freund. Komisch, oder? Er geht nie ohne Helm aus dem Haus! Wir leben in einer großen Stadt, unsere Straßen sind gefährlich!"

„Wer ist denn dieser Freund? Ist es sicher, dass dieser Freund existiert?"

Kein Kommentar.

Jetzt spricht wieder die Frau: *„Um zehn Uhr dreißig heute Vormittag klingelt das Telefon bei Oskars Vater, der mit dem Jungen allein lebt. Am Telefon ist der Entführer. Seine Forderung[1] ist dieselbe wie immer: 2000 Euro."*

---

1 **die Forderung:** was jemand will

2000 Euro, denke ich, 2000 Euro. Leihen kann Oskars Vater das Geld nicht, sagt er. Keine reichen Freunde oder Verwandten, denke ich. Eine Frau hat er auch nicht. Und wahrscheinlich hat Oskar kein Sparschwein. Für jemanden, der so viel Angst hat, ist das unvorsichtig. Sogar ich spare für meine Entführung.

Plötzlich steht Frau Dahling neben mir und stellt den Teller mit den Broten auf den Tisch. Sie setzt sich neben mich auf das Sofa.

„Vielleicht kriegen sie den Drecksack[1] ja jetzt!", sagt sie ganz böse.

Sie steckt[2] sich ein Brot in den Mund. Leberwurst mit Gurke. Ich sehe sie von der Seite an.Wenn ich ihr jetzt sage, dass ich Oskar kenne und dass er heute Morgen zu *mir* unterwegs war, glaubt sie mir das sicher. Und *weil* sie mir glaubt, bringt sie mich zur Polizei. Die verhören[3] mich dann: Woher und seit wann kenne ich Oskar und für wann waren wir verabredet und warum. Worüber reden wir immer und kennt Oskar vielleicht einen Mann, der vielleicht der Entführer sein kann. Die Polizei nimmt mich auseinander[4] wie Miss Marple das macht. Die Bingomaschine spielt bei so etwas verrückt und ich sterbe dann an einem roten Kopf.

In der Glotze sehen wir jetzt das Bild des ersten entführten Kindes. Ich weiß, wie es weitergeht, ist ja immer dasselbe: Ein Kind nach dem anderen. Dazu traurige Musik.

„Denen fällt auch nichts mehr ein[5]", sagt Frau Dahling. „Wir sehen besser den Film. Wo hab ich ihn denn, ach ja, Handtasche oder was?"

Sie steht auf und geht in den Flur. Ich starre weiter auf den Bildschirm. Mein Freund Oskar ist das neueste Entführungsopfer, und er hat nicht mal eine Mama! Vielleicht ist sie tot oder so. Und ich? Habe ich eigentlich keine Angst um Oskar? Nein, nicht jetzt. Jetzt sehe ich die Bilder der entführten Kinder und fühle gar nichts.

---

1 **der Drecksack:** (sehr umgangssprachlich) schlechter Mensch
2 **etwas in etwas stecken:** etwas in etwas tun
3 **jemanden verhören:** jemandem Fragen zu einem Thema stellen, insistierend, wie es die Polizei tut
4 **auseinandernehmen:** demontieren, in Stücke legen
5 **etwas fällt jemandem ein:** jemand hat eine Idee

Das zweite Opfer, ich gucke genauer hin: Es gibt ein neues Foto von Sophia.

Sophia steht auf einem Spielplatz, wahrscheinlich von ihrer Grundschule, denn im Hintergrund sieht man ein großes Gebäude[1], in den Fenstern viele bunte Bilder. Sophia sieht jetzt auch nicht hübscher aus, aber wenigstens viel netter. Ihre Haare sind gewaschen und sie trägt auch nicht mehr das rosa T-Shirt mit dem dicken roten Soßenfleck auf der Brust, jetzt ist es ein hellblaues. Aber … Es ist nicht zu glauben, aber Sophia hat auf dem hellblauen T-Shirt schon wieder einen roten Fleck!

Die Kamera kommt näher.

Und zum zweiten Mal an diesem Abend bleibt mir das Herz stehen.

Das ist kein Soßenfleck.

Es ist ein kleines, rotes Flugzeug.

 **Übungen**

---

1 **das Gebäude:** Haus

AUF DER SUCHE NACH SOPHIA

Liebe Mama,

der Computer ist noch an, denn du sollst mein Tagebuch finden. Bitte mach dir keine Sorgen. Ich muss Oskar helfen. Das ist der mit dem blauen Helm. Wenn mir was passiert, kannst Du mein Spar-
schwein nehmen und mit dem Geld die Beerdigung bezahlen. Wenn ⁵
Onkel Christian gestorben ist, kannst Du mich aber auch zu ihm legen. Wenn ich tot bin, ist das kein Problem.
Dein Rico
Noch was: Der Bühl ist sehr nett und hat ein schönes Wohnzimmer.
Ich hab Dich lieb! ¹⁰

Es ist halb neun Uhr morgens und der Tag ist frisch. Ich stehe vor der Dieffe 93 und gucke in die Pfützen[1].

Ich habe alles Wichtige bei mir. In meinem Rucksack Mamas Stadtplan von Berlin. Geld habe ich auch – zwanzig Euro. Und in der Hosentasche habe ich den roten Flieger aus dem Müllcontainer. ¹⁵ Eins ist klar: Oskars Flieger war ein Geschenk von Sophia – genau dieser Flieger mit der abgebrochenen Nase.

Aber warum besucht ein Oskar Sophia in Tempelhof? Was will er von ihr?

Ich habe da ja so eine Idee: Oskar war auf der Suche nach Mister ²⁰ 2000. Woher hat er diese beknackte Idee? und warum kommt er bei seiner Suche am Samstag in die Dieffe? Das weiß ich nicht. Aber vielleicht weiß Sophia etwas?

In meinem Kopf spielen die Bingokugeln. Vielleicht hat Mister 2000 Oskar entführt, weil er etwas weiß? Aber warum sagt er mir ²⁵ dann nichts?

---

1 **die Pfütze:** Regenwasser auf der Straße

69

Solche Gedanken gehen in meinem Kopf herum. Jetzt weiß ich nur eins: Ich muss Sophia besuchen. Und ich stehe da und gucke in die Pfütze!

Mann, Mann, Mann!

Ich war noch nie allein in der Stadt unterwegs. Irina hat ein schnelles Auto, mit dem fahren wir an schönen Sommertagen alle drei durch Berlin. Vom Alex zum Funkturm und wieder zurück, am Brandenburger Tor vorbei und dann rein nach Mitte, und dabei hören wir coole russische Musik. Wo es uns gefällt, steigen wir aus und setzen uns vor schicke Lokale. Die Sonne scheint und die Frauen trinken Champagner und lachen sich tot, und ich trinke Cola und freue mich, dass so viele Männer Mama toll finden, die gucken sie nämlich alle an, auch wenn Mama nie einen von ihnen fragt, ob er mal was von ihrem Schampus[1] trinken möchte.

Aber allein in Berlin? Ich stehe da und habe Angst, Angst vor Mamas Stadtplan, Angst vor der Stadt.

Hinter mir geht die Haustür auf. Der Kiesling sieht nicht so toll aus wie der Bühl, aber auch nicht viel schlechter. Immer perfekt, sagt Frau Dahling immer, und das ist richtig. Er trägt todschicke[2] Klamotten und Schuhe und er hat ganz viele Sonnenbrillen. Frau Dahling fragt sich immer, wie er all das nur bezahlt mit seinem Zahntechniker-Gehalt. Der Kiesling geht nämlich außerdem jede Woche einmal zum Friseur, und ihm gehört das coolste Auto aus der ganzen Dieffe, ein alter Porsche. Der Wagen steht direkt auf der anderen Straßenseite. Den Schlüssel hat der Kiesling jetzt in der Hand.

Manchmal hat man eine gute Idee und wird ganz rot. Der Kiesling sieht es sogar durch seine dunkle Sonnenbrille.

„Alles in Ordnung, Rico?", sagt er.

Ich nicke. Wir kennen uns nicht so gut. Der Kiesling findet es nicht so toll, wenn ich mir seine Wohnung angucken will, er spricht fast nie mit mir.

„Du bist früh unterwegs", sagt er. „Habt ihr nicht Ferien?"

---

1 **der Schampus:** (umgangssprachlich) Champagner
2 **todschick:** absoluter Superlativ von „schick", sehr sehr schick

„Ich warte auf Sie", antworte ich.

Er nimmt seine Sonnenbrille ab. „Auf mich?"

„Ich muss in Ihre Richtung", sage ich. Das Zahnlabor, in dem er arbeitet, liegt in Tempelhof.

„Tempelhof? Was willst du denn dort?"

„Eine Freundin besuchen."

„Ach ja? Freundinnen besucht man abends", lacht er.

„Nicht so eine Freundin!" Ich kann ihm jetzt nicht alles erklären. Genug jetzt.

„Also, nehmen Sie mich mit?"

„Du bist mein Gast!", sagt er.

„Aber wenn du den Wagen dreckig[1] machst, fliegst du raus!"

Wir gehen über die Straße zu seinem Porsche. Ich nehme den Stadtplan aus dem Rucksack und suche mit dem Finger.

„Was suchst du da?" fragt der Kiesling

„Die Schule."

„Welche Schule?"

„Vor der ich mit meiner Freundin verabredet bin, auf dem Spiel-platz."

„Aber du willst doch nach Tempelhof. Warum suchst du in Grune-wald?"

Es ist ein schönes Stück vom Stadtplan mit wenigen Namen. Alles hübsch grün mit vielen Bäumen und an einer Seite schön blau, die Havel[2]. Ich halte dem Kiesling den Stadtplan unter die Nase.

„Gucken Sie mal für mich nach, bitte? Ich finde es nicht".

„Wegen deiner Behinderung, oder?"

Er nervt. Aber ich bleibe ruhig. Er soll mich ja bis Tempelhof mitnehmen. Es nervt, wenn manche Leute einen für total bescheuert[3] halten, nur weil man manchmal ein bisschen lang-samer ist als sie. Ich beschwere mich ja auch nicht, dass die anderen

---

1 **dreckig:** (umgangssprachlich) schmutzig
2 **die Havel:** die Spree und die Havel sind die beiden Berliner Flüsse
3 **bescheuert:** (umgangssprachlich) dumm

zu schnell denken oder Backöfen für ein einziges popeliges[1] Brötchen siebenundzwanzig verschiedene Programme haben.

„Ich bin nicht gern tiefbegabt und außerdem nur ein bisschen", sage
ich sauer.

5 „Hey, schon gut!" Er nimmt die Hände hoch. „Also, wie heißt denn
diese Schule?"

„Hab ich vergessen." Er macht ein böses Gesicht.

„Also gut, pass auf: An einer Schule fahre ich direkt vorbei. Dort
setze ich dich ab. Der Rest ist deine Sache. Habe schon genug
10 Stress."

„Fahren wir jetzt los?"

„Wenn du mir versprichst, dass du unterwegs um Himmels willen
die Klappe hältst[2]!"

Die Schule, vor der mich der Kiesling absetzt, ist die richtige. Auch
15 der Spielplatz ist da. Das ist das Gebäude aus dem Fernsehen.

Hinter mir gibt der Kiesling Gas und fährt weg. Die Fahrt mit dem
Porsche war der Hammer! An jeder Ampel gibt der Kiesling Gas.
Dann röhrt der Motor auf[3], und alle Leute gucken. Toll!

Der Weg zur Schule war schwierig: Hier ein bisschen in die eine
20 Straße und da ein bisschen in die nächste, noch mehr Kreuzungen,
noch mehr Ampeln, und dann die Bingokugeln in meinem Kopf
und etwas sagt mir: *Du findest nie zurück nach Hause, du findest
nie zurück nach Hause* Das sehen wir später.

Ich gucke um mich. Der Spielplatz vor der Schule ist leer. Niemand
25 geht um halb zehn Uhr morgens auf einen Spielplatz.

---

1 **popelig:** (umgangssprachlich) billig, klein, hässlich
2 **die Klappe halten:** (umgangssprachlich) den Mund halten, nichts sagen
3 **aufröhren:** laut werden wie ein wildes Tier, eine Bestie

Aber ich muss nur warten, dann treffe ich sicher jemanden. Vielleicht kann der mir weiterhelfen: ein Kind aus der Schule hier, das Sophia kennt.

Ich gehe über den Platz. Alles ist nass. Der Sand ist dunkelgrau. Auf dem Weg zum Schulgebäude steht eine Bank. Da sitzen zwei Jungen. Der eine hat blonde Haare und ist etwa so groß wie Oskar. Der andere hat braune Haare, ist ein gutes Stück größer als ich und redet ohne Pause.

Langsam schlendere[1] ich auf die beiden zu.

„Was ist?", sagt der Große. Er guckt nicht böse oder unfreundlich, aber genervt.

„Kennt ihr euch hier aus[2]?", frage ich ihn.

„Warum?"

„Ich suche jemanden, der hier in der Nähe wohnt."

Sicher bin ich da nicht, aber die meisten Kinder haben es nicht weit bis zu ihrer Schule. Sophia sitzt vielleicht nur einen Häuserblock von hier in ihrem Kinderzimmer.

Der Große gibt keine Antwort.

„Sie heißt Sophia und geht auf diese Schule", erkläre ich ihm. „Ihren Nachnamen kenn ich nicht. Sie ist das Mädchen, das vom ALDI-Kidnapper entführt wurde."

„Und wenn ich weiß, wo sie wohnt?" fragt er.

„Kannst du es mir ja sagen."

„Wer bist du denn?"

„Ich heiße Rico."

„Felix."

„Nein, Rico." Hört der schlecht?

„*Ich* bin Felix. Also, was willst du von Sophia?"

„Sie ist meine Freundin."

„Du kennst ihren Nachnamen nicht und du weißt nicht, wo sie wohnt?" Er lacht leise. „Komische Freundin. Komischer Freund."

---

1 **schlendern:** entspannt gehen, cool gehen, langsam
2 **sich auskennen:** Experte sein, alles kennen

„Ich vergesse Adressen und so etwas immer. Ich bin tiefbegabt."

Felix sieht mich an. Er versteht das Wort nicht. Also sage ich es, das schreckliche Wort: „Behindert. Aber nur im Kopf und nur manchmal".

Der Blonde sieht mich an und sagt nichts. Vielleicht lebt er gar nicht. Er hat hellblaue und wässrige Augen.

„Also, wenn du wirklich leicht beknackt bist", sagt Felix. „Warum soll ich dich dann zu Sophia lassen?"

„Weißt du denn, wo sie wohnt?"

„Ich geh mit ihrem Bruder in dieselbe Klasse. Ist ein Vollidiot." Er denkt kurz nach. „Vielleicht wird man automatisch ein Vollidiot, wenn man sich das Zimmer mit seiner kleinen Schwester teilen muss. Vielleicht ist Tobias aber auch nur tiefbegabt."

„Wer ist Tobias?"

„Sophias Bruder, du Hirnbremse[1]!"

Das ist zu viel! Erst der Kiesling und jetzt auch noch Felix. Zum zweiten Mal an diesem Morgen muss ich mich beherrschen[2].

„Vor fünf Minuten war Tobias noch hier. Er muss für seine Mutter einkaufen." Er lacht leise. „Bei ALDI."

„Ich will Sophia nur was fragen", sage ich.

„Was?"

Ich muss es ihm sagen. Das kann ich in seinem Gesicht sehen.

„Der entführte Junge, der von gestern …"

„Was ist mit dem?"

„Sophia kennt ihn. Und ich will sie fragen –"

„Was willst du von ihr hören? Etwas, was sie der Polizei nicht sagt? Weil sie es nur einem Kind sagen will?"

Ich nicke.

„Na dann."

Felix steht auf. Der Blonde auch.

---

1 **die Hirnbremse:** (umgangssprachlich, offensiv) lässt die Intelligenz nur langsam funktionieren
2 **sich beherrschen:** seine Reaktion kontrollieren

„Hast du keine Angst? Mister 2000 ist der cleverste Entführer aller Zeiten! Der schneidet dir die Ohren ab."

„Sagt wer?"

„Sage ich. Sie schneiden immer zuerst die Ohren ab."

Das ist neu für mich.

„Dann eine Hand! Und dann, wenn er immer noch keine Kohle[1] sieht, den Arm dazu. Den anderen Arm nicht, denn du musst noch einen Brief an deine Eltern schreiben können, verstehst du? Also als Nächstes die Beine"

„Findest du das nicht etwas übertrieben[2]?"

Er schüttelt den Kopf. „Ich will mal Schriftsteller[3] werden. Schriftsteller übertreiben immer."

„Ich lese nur Comics."

„Die übertreiben noch mehr."

„Und, schreibst du viel?"

„Jede Menge."

„Ist es gut?"

„Das musst du Sven fragen."

„Wer ist Sven?"

„Na, wer wohl?"

Der Blonde an seiner Seite sagt nichts. Er muss laufen, weil der andere viel schneller ist.

„Ihm erzähle ich meine neuen Ideen", sagt Felix.

Ach so! Deshalb sitzen sie auf der Bank und er redet und redet. Ich sehe den Kleinen an: „Hallo Sven."

Keine Antwort.

„Er kann dich nicht hören", sagt Felix. „Er kann auch nicht sprechen. Ist taubstumm[4]."

„Man sagt nicht taubstumm. Es heißt gehörlos." Das weiß ich aus dem Förderzentrum.

---

1 **die Kohle:** (hier umgangssprachlich) Geld
2 **übertrieben:** mit zu viel Fantasie erzählt
3 **der Schriftsteller:** schreibt Romane, Lyrik oder Dramen
4 **taubstumm / gehörlos:** jemand kann nicht hören, früher sagte man „taubstumm"

„Mir egal, wie es heißt." Felix geht immer schneller. „Hauptsache[1], mir hört einer zu."

Das mehrstöckige Haus, in dem Sophia wohnt, steht zwischen vielen anderen mehrstöckigen Häusern. Sie sehen alle gleich aus.
5 Keine Balkone, braune Fassaden.
Felix sagt mir, bei wem ich klingeln muss. Dann geht er mit Sven weiter, wohin, sagt er nicht.
Sophias Mama macht mir die Tür auf. Sofort weiß ich: Hier wohnt das graue Gefühl. Es riecht sogar grau. Sophias Mama sieht nicht
10 aus wie eine Mama, die weiß, welche Kinder in die Schulklasse ihrer Kinder gehen. Das ist mein Glück.
„Guten Morgen", sage ich. „Ich bin ein Freund von Tobias und –"
„Ist einkaufen." In der Hand hält sie eine Zigarette.
„Kommt aber bald wieder. Kannst so lange in seinem Zimmer
15 warten."
Ihre Fingernägel faszinieren mich. Sie sind rosa und kaputt. Meine eigene Mama geht so niemals unter die Leute.
Sophias Mama schlurft zurück ins Wohnzimmer.
Im hinteren Teil des Flurs gibt es nur zwei weitere Zimmer. An
20 einer Tür hängen bunte Bildchen und ein Poster mit einer Barbie-puppe drauf. Ich klopfe leise an und geh ins Zimmer.
In dem Zimmer ist großes Durcheinander[2]: Spielzeug, Klamotten, Comics, Schulzeug, Hüllen von CDs und Computerspielen auf dem Boden. Leere und halbleere Flaschen, schmutzige Teller und
25 Tassen stehen im ganzen Zimmer. Alles ist traurig und grau. Es sieht aus wie nach einer großen Explosion.
Sophia steht in diesem Durcheinander wie eine Insel, die bald untergeht. Wartet sie auf jemanden? Oder schläft sie im Stehen?

---

1 **die Hauptsache:** das Wichtigste, die zentrale Sache
2 **das Durcheinander:** Chaos

„Hi!", sage ich.

Sie sieht mich aus trüben[1] Augen an. Ich nehme das rote Flugzeug aus der Hosentasche. Und plötzlich werden Sophias Augen ganz hell.

„Den habe ich von Oskar, und er hat ihn von dir."

Sie starrt den Flieger an. Sie weint!

„Der Entführer hat ihn – das weißt du doch, oder?"

Sie nickt.

Natürlich weiß sie das, hier läuft den ganzen Tag die Glotze. Das höre ich bis ins Kinderzimmer.

„Oskar weiß etwas?", sage ich vorsichtig.

„Etwas, das du der Polizei nicht sagen willst, weil du Angst hast. Hab ich Recht?"

Endlich macht sie den Mund auf. Sie spricht wie ein kleiner Vogel, der noch Angst vor dem Fliegen hat.

„Der Klimpermann sagt, wenn ich ihn verpetze[2], macht er Jannek tot."

Ich sehe sie an. „Jannek?"

Sie zeigte auf einen schmutzigen Schreibtisch. Ein Fernseher steht da neben einem Computerbildschirm[3]. Hinter einer fettigen McDonald's-Verpackung[4] steht ein Goldfischglas. Etwas Krankes schwimmt im Wasser.

„Er ist krank."

Also echt, wenn das mal nicht das Allertraurigste von der Welt ist! Mister 2000 fragt Sophia, wen sie am liebsten hat. Er will ihr Angst machen. Und Sophia nennt ihm nicht ihre Eltern oder ihren Bruder, nein, sie nennt ihren kranken Goldfisch!

Ich starre das runde Glas an und Jannek starrt zurück. Er sieht wirklich krank aus. Ich werde nervös. Vielleicht gibt es im Zimmer zwischen oder hinter den Müllbergen Bakterien, die krank machen. Vielleicht nicht nur Fische? Ich will mich nicht anstecken!

---

1 **trübe:** nicht klar, nicht transparent
2 **jemanden verpetzen:** anderen Leuten sagen, was wer Böses tut
3 **der Computerbildschirm:** Monitor vom Computer
4 **die Verpackung:** in so etwas verkauft man Essen: in einem Paket, in Papier oder Plastik

„Warum nennst du den Entführer Klimpermann?" Sie schüttelt den
Kopf.

„Mir kannst du es ruhig sagen. Ich sage es keinem."

„So wie Oskar, wie?", sagt sie plötzlich sehr laut. „Und jetzt ist er in
dem Zimmer!"

„Was für ein Zimmer?"

Keine Antwort.

„Sophia, Oskar ist mein Freund", erkläre ich ihr noch einmal. „Ich
will ihm helfen, aber das kann ich nur, wenn du mir hilfst!"

Nichts zu machen. Sie sagt nichts mehr. Ich gebe ihr den roten
Spielzeugflieger. Sie nimmt ihn wie ein teures Geschenk.

„Er sagt immer, er mag mich", sagt sie leise.

„Das tut er auch. Der Flieger war immer auf seinem Hemd. Aber
dann hat er ihn verloren. Vielleicht bei der Entführung."

Sie sieht zu mir auf. „Ich war teuer", sagt sie.

„Ja, ich weiß."

„Aber Mama kriegt Geld für die Interviews."

Ich nicke. Der neue Fernseher. Ich höre ihn noch auf der Haus-
treppe.

Wieder draußen, habe ich doch ein wenig Angst. Die großen
Häuser zu allen Seiten, die schmutzig weißen Fenster starren mich
an wie tausend Augen. Ich nehme den Stadtplan aus dem Rucksack, gucke rein und mach ihn sofort wieder zu. Da werden sicher
immer wieder Leute verrückt, mit so einem Stadtplan.

Ich muss mir anders helfen. Wenn ich eine U-Bahn-Station finde,
komme ich weiter. Ich muss es nur bis zum Kottbusser Tor schaffen,
der Rest ist ein Klacks. Den Eingang in die U-Bahn am Kottie kenne

ich prima vom Doyum Grillhaus, wenn ich dort einen Döner oder dergleichen futtere[1]. Von da aus nach Hause ist es einfach.

Auf der anderen Straßenseite steht ein Kiosk. Da kann ich nach dem Weg fragen. Keine Fußgängerampel zu sehen, aber es gibt nur wenig Verkehr. *Jedes Jahr verunglücken fast vierzigtausend Kinder in Deutschland*, höre ich Oskar sagen. *Fünfundzwanzig Prozent zu Fuß.*

Das sind sicher mehr als hundert, glaube ich. Vorsichtig gehe ich über die Straße. Es geht gut.

Ein Opfer weniger.

Vor dem Kiosk auf allen Zeitungen Titel zu Oskars Entführung. Die BZ[2] schreibt ganz groß: *Eltern in Panik – ist IHR Kind das nächste?* Ich frage die Kioskfrau nach dem Weg zur nächsten U-Bahn-Station.

Ihre Antwort vergesse ich sofort wieder. So viel links da und rechts dort und dann wieder links und dann … mir wird ganz schwindelig. Aber ich sage freundlich Danke. Die Kioskfrau kann ja nicht wissen, dass ich nur geradeaus laufen kann.

Also zurück zur Straße. Ich gehe einfach geradeaus. Dann sehe ich den Taxistand. Jetzt laufe ich schneller.

Ich setze mich auf den Rücksitz des vordersten Wagens und mache die Tür hinter mir zu. Der Fahrer guckt mich an.

„Und was gibt das jetzt?", blafft[3] er mich an.

„Was gibt was jetzt?"

„Was machst du Zwerg[4] allein auf der Straße? Wo sind deine Eltern?"

Langsam wird es stressig.

„Ich muss nach Hause, aber ich finde den Weg nicht", sage ich.

„Und wenn Sie fragen, warum: Ich bin tiefbegabt!"

„Ach ja? Das seid ihr Gören heute doch alle!"

Auf Streit habe ich keine Lust. Ich will nur noch nach Hause in den Nachdenksessel. Klimpermann und das Zimmer … ganz toll! Was

---

1 **futtern:** (sehr umgangssprachlich) essen
2 **die BZ:** Berliner Zeitung, wie die BILD-Zeitung, viele Fotos, riesige Titel, wenig Text
3 **jemand anblaffen:** (Berlinisch) aggressiv ansprechen
4 **der Zwerg:** (politisch nicht korrekt) kleiner Mensch, wie in Sagen und Märchen

hilft mir das? Sophia hilft mir nicht, das ist klar. Ich muss weinen.
Aber den Taxifahrer interessiert das nicht.
„Ich frag dich noch mal: Wo sind deine Eltern?"
Der Kerl wartet auf eine Antwort, da hilft nichts. Mann, das geht
5 mir alles so was von auf die Nerven! Er findet seine Straßen und
weiß nicht, wie ich mich fühle.
„Ich war bei einer Schulfreundin zu Besuch", sage ich endlich.
„Dann ein Anruf von meiner Mutter. Mein Vater ist tot und ich
muss sofort nach Hause. Ich soll mir ein Taxi nehmen."
10 Eine Lüge, ok, was soll ich denn tun? Und jetzt muss ich wirklich
weinen und das Gesicht des Taxifahrers wird auch ganz traurig. Er
startet den Wagen und fährt endlich los. Er sagt kein Wort mehr
und bringt mich in die Dieffe 93. Manchmal helfen Lügen.

 **Übungen**

TIEFERSCHATTEN

Traurige Sachen machen einen schwach. Bis zum Mittag habe ich alles ins Tagebuch getippt. Jetzt sitze ich im Nachdenksessel, starre zum Fenster raus und denke an Felix, den Geschichtenerzähler ohne Zuhörer, an den stummen Sven und an Sophia, die in so viel grauem Gefühl leben muss. Ich denke an Oskar, der jetzt, da kann er so schlau sein wie er will, ganz sicher große Ängste hat. Dann falle ich mir selber ein, wie ich wegen meiner Tiefbegabtheit hier sitze und nicht weiter weiß. Warum bin ich nicht schlauer?

Ich gehe in mein Zimmer und lege mich aufs Bett. Ein bisschen froh und stolz[1] kann ich auch sein, denke ich, weil ich allein in Tempelhof war und immer noch lebe. Aber das machen täglich tausende von Menschen.

Ich bin müde. Zu wenig Schlaf letzte Nacht. Die Sonne scheint, es ist richtig heiß. Meine Augen fallen zu.

Im Traum steht Oskar vor mir auf dem Dachgarten der RBs. Er schaut über das Geländer nach unten in den Hinterhof und geht in die Knie. Jetzt sieht er mich an. Ich höre mich meine Testfrage stellen: „Kommst du morgen wieder?" Oskar sagt: *Eigentlich habe ich für morgen schon Pläne. Das kann den ganzen Tag dauern.*

Ich werde ganz plötzlich wach. Etwas ist falsch in dem Traum. Oder etwas stimmte nicht mit meiner Erinnerung. Aber was?

Ganz ruhig bleiben, Rico, nur nicht aufregen! Ich mache die Augen zu und rufe die Bilder zurück. Sonne auf dem Dachgarten der RBs. Oskar steht am Geländer zum Hinterhof und er hat den Flieger am Hemd, den ich am nächsten Tag im Müllcontainer finde, den kleinen roten Flieger, diesen Flieger –

– fällt er in den Hof? Nein! Er bleibt an seinem Hemd hängen!

Er geht vom Geländer weg und er hat Sophias Flugzeug noch am Hemd!

„Er war noch mal hier", sage ich mir leise. Aber wann? Ich sehe ihn noch aus dem Haus gehen. Ich stehe am Fenster und sehe ihm nach. In den Hinterhof geht er also nicht. Aber wann kommt er noch einmal ins Haus?

---

1 **stolz:** sind wir, wenn wir denken, dass wir etwas gut gemacht haben

Keine Ahnung! Was soll das alles bedeuten? Ich spüre mein Herz
klopfen. Tausend Geistervögel fliegen durch meinen Kopf. Ich
starre aus dem Fenster gegen das Hinterhaus. Draußen wird es
dunkel. Ich habe Hunger. Ich möchte weinen. Aber ich will nicht.
Ich muss mit jemandem reden. Manchmal, wenn man Leuten
etwas erzählt, weil man durcheinander ist, ist man dann weniger
durcheinander.
Und ich weiß genau, zu wem ich gehen kann.

„Ah, du hast meine Einladung nicht vergessen!", sagt der Bühl.
Ich habe es nicht vergessen. Und auch meine Erzählung von
meinem toten Vater nicht und mein warmes Gefühl bei diesem
Bühl.
„… jetzt hast du wirklich keine Angst vor mir, gut so!"
Ich nicke nur. Er darf mich nicht für bescheuert halten, das ist
die wichtigste Sache der Welt! Der Bühl soll mir helfen, Oskar zu
finden.
Ich sitze in seinem weißen Wohnzimmer auf seinem weißen Sofa.
Vor mir steht eine Cola auf dem Tisch. Soll ich den Bühl um Brote
bitten? Lieber nicht. Er steht da und guckt zu mir runter.
„Gibt es was Neues von deiner Mutter?", sagt er.
„Ich weiß nicht. Das Telefon hat einmal geklingelt, aber wenn ich
  schlafe, brauche ich zu lange."
Ich trinke vorsichtig meine Cola. Mit Cola muss man aufpassen.
Von zu viel Cola bekommt man Löcher im Magen, und dann läuft
die Cola einmal hier und einmal da in dir, und wenn du beim
Edeka an der Käsetheke stehst, läuft dir plötzlich braune Suppe
aus der Nase.
„Hast du kein Handy?", sagte der Bühl.
„Nee. Zu teuer." Mit wem außer Mama soll ich auch telefonieren?
Man kann natürlich diese komischen Nummern mit französischen

Kochrezepten oder mit den Lottozahlen aus Brasilien anrufen.

Aber das kostet bloß einen Haufen[1] Geld, sagt Mama immer.

Vielleicht hört ihn sein Handy. Plötzlich beginnt es zu klimpern,

genau wie bei meinem letzten Besuch. Der Bühl sieht genervt aus.

5 „Immer, wenn wir uns unterhalten wollen …"

Er nimmt das Handy aus der Hosentasche, guckt drauf und sah

plötzlich so aus wie einer, der sehr viel lieber mit dem Anrufer

sprechen will als mit mir.

„Gehen Sie ruhig dran[2]", sage ich. Hauptsache, er läuft nach dem

10 Anruf nicht gleich wieder aus der Wohnung …

Auf den Lippen[3] von Bühl lese ich etwas wie *Entschuldigung*, und

im nächsten Moment ist er weg.

Ich stelle meine Cola ab und schaue, was es Neues in der Wohnung

gibt. Nichts. Sogar das leere Glas steht noch so auf der BILD-

15 Zeitung wie gestern, genau über der nackten Fußpflegerin Cindy.

Also, das geht so nicht! Ein bisschen aufräumen, das muss der Bühl

schon noch lernen. Ich fange am besten selbst einmal an.

Ich nehme die Zeitung hoch und lege sie zur Seite. Unter der

Zeitung liegt ein kleiner Stadtplan von Berlin und neben dem ein

20 Stift. Ein paar dicke Punkte auf dem Stadtplan sind mit dem Stift

rot markiert. Genau, wie heute auf jeder Berliner Tageszeitung.

Sechs rote Punkte.

Sechs Entführungen.

Ich starre auf die roten Punkte.

25 Um mich wird das Wohnzimmer plötzliche sehr kalt. Mein Herz

scheint voller Eisstücke. Von Oskars Entführung wissen wir seit

gestern Abend, seit der Sondersendung der Nachrichten. Aber die

sechs roten Punkte auf dem Stadtplan waren schon gestern Nach-

mittag da. Da war ich zu Besuch bei ihm. Woher weiß der Bühl von

30 Oskars Entführung Stunden vor uns allen? Und da ist noch mehr …

Der Klimpermann hat gesagt, wenn ich ihn verpetze …

---

1 **der Haufen:** kleiner Berg
2 **(d)rangehen:** ans Telefon gehen, am Telefon antworten
3 **die Lippe(n):** rot, formen den Mund

Das Klimpern von Bühls Handy! – Mäuse, die über die Tastatur
von einem Klavier laufen.
Kalt und kälter. Eiskalt.
Ich stehe so vorsichtig wie möglich vom Sofa auf. Ich schleiche[1]
zur Wohnzimmertür und schaue in den Flur. Ich höre Bühl spre-
chen. Was ich höre, lässt alle Härchen[2] auf meinen Armen nach
oben stehen.
„… die zweitausend Euro haben Sie erst jetzt. Erst gehen Sie mit
Ihrer Geschichte an die Öffentlichkeit[3], weil sie einen Kredit brau-
chen! Was kann ich da noch machen? Tut mir leid, aber für das
Leben des Jungen kann niemand mehr …"
Eine Sekunde später bin ich draußen im Hausflur. Eine weitere
Sekunde später fällt mir ein, dass die Zeitung nicht mehr auf dem
Stadtplan liegt. Ich will zurück, aber zu spät. Die Tür zu Bühls
Wohnung fäll mit einem lauten RUMMS! zu.
Jetzt auch noch das.
Hinter der Tür ruft der Bühl: „Rico? Rico!"
Ich laufe.

In den Krimis machen die Leute das fast immer falsch. Sie laufen
genau dahin, wo der Mörder auf sie wartet.
Ich laufe nicht runter in unsere Wohnung, wo dieser Kidnapper
mich sofort sucht. Ich laufe, so schnell und so leise ich kann, ein
Stockwerk weiter nach oben. Den Schlüssel der RBs trage ich
immer bei mir in der Hosentasche. Jetzt lasse ich mich damit in
die Dachwohnung ein, mache die Tür hinter mir fast ganz zu und
lausche.

---

1 **schleichen:** sehr leise gehen
2 **das Härchen:** kleines Haar
3 **die Öffentlichkeit:** Presse, Radio, Fernsehen

Keinen Moment zu spät. Aus dem Treppenhaus höre ich das
Öffnen einer Tür, dann den Bühl: „Rico?"

Ich höre ihn schnell nach unten gehen, in den Zweiten. Er klingelt bei uns. Er klopft an unsere Tür, dann wird das Klopfen lauter.

5 „Rico?"

Dann nichts. Er überlegt[1]. Dann geht er die Treppen rauf. Ich bin
ganz still. Ein Stockwerk unter mir bleibt er stehen. So leise ich
kann, mache ich die Tür zu. Mit dem Rücken gegen die Tür stehe
ich da. Und warte. Und überlege.

10 Das Warten ist einfach. Aber was soll ich jetzt nur tun? Runter
gehen nicht. Zu viel Angst. Vielleicht lauscht der Bühl an seiner
Tür. Und wenn ich hier aus dem Fenster rufe, ist er schnell wie der
Blitz[2] bei mir hier oben. Er sieht so stark aus, er kann locker[3] eine
Wohnungstür aufbrechen.

15 Weiter rauf geht es auch nicht, außer auf den Dachgarten. Von dort
aus kann man prima über die Dächer der Nachbarhäuser laufen –
oder nach unten in den Hinterhof fallen. Im Vorbeifliegen gerade
noch Frau Dahling grüßen und für all die leckeren Brote danken,
aber dann: PLATSCH!

20 Oder durch den Paravent auf den Dachgarten vom Marrak? Mit
etwas Glück steht seine Terrassentür auf. Aber dann? Der Marrak
ist hundertprozentig mit seiner Wäsche bei seiner Freundin. Dann
sitze ich in seiner Wohnung fest. Oder der Marrak ist doch zu
Hause und glaubt mir nicht. Ich weiß, dass er mich genauso wenig
25 leiden kann wie der Kiesling oder der Fitzke. Plötzlich habe ich
das schreckliche Gefühl, dass viele Leute nur deshalb freundlich
zu mir sind, weil sie mich für behindert halten. In Wirklichkeit
gehe ich ihnen auf die Nerven, aber das sagt man einem Spasti[4]
natürlich nicht, denn der weint dann gleich. Der Marrak lacht sich
30 dann über mich kaputt und – noch schlimmer – bringt mich zum
Bühl. Für einen kleinen Spaß zwischen Männern. Wenn ich mit

---

1 **überlegen:** nachdenken
2 **der Blitz:** Lichteffekt bei Gewittern
3 **locker:** ohne Stress
4 **der Spasti:** (umgangssprachlich, sehr offensiv) Person mit Behinderung

dem Bühl allein bin, schneidet er mich in kleine Stücke und schickt die dann mit der Post an Mama.

Auf die einfachsten Ideen kommt man manchmal erst zum Schluss. Im Flur der RBs steht ihr Telefon. Das ist es! Ich gehe zum Telefon, nehme den Hörer und starre ihn an. Mamas Handynummer habe ich nicht im Kopf. Zu viele Zahlen für mich. Deshalb hat mir Mama die Nummer zweimal aufgeschrieben: Der eine Zettel hängt über unserem eigenen Telefon im Flur, neben dem Spiegel. Den anderen Zettel … der war in meiner Hosentasche und ist natürlich schon lange nicht mehr da. Da kann ich mir tausendmal sagen: „Schreib die Nummer neu ab", und tausend Mal vergesse ich es wieder.

Dann muss ich lachen. Es gibt eine Telefonnummer, die ich auswendig[1] kenne. Sie hat nur drei Ziffern. Selbst ein Volltrottel[2] kann sie auswendig lernen. Mama fragt mich immer wieder: „Wen rufst du an, wenn du in Not[3] bist und mich nicht anrufen kannst?" Ich tippe die Eins, noch mal die Eins und zuletzt die Null und lausche in den Hörer. Es dauert ziemlich lange. In der Zeit kann der Bühl dir Nase und beide Ohren abschneiden. Dann endlich –

„Notruf", ruft mir ein Mann ins rechte Ohr. „Was kann ich für Sie tun?"

Jetzt geht mir alles zu schnell. Was soll denn ich sagen? Ich bin plötzlich ganz durcheinander.

„Notruf. Bitte sprechen Sie!"

„Mein … mein Name ist Frederico Doretti", sage ich.

„Ich bin ein tiefbegabtes Kind. Deshalb kann ich zum Beispiel nur geradeaus laufen und möchte einen Entführer anzeigen[4]. Hallo?"

„Junger Mann, hör mir mal zu –"

„Mister 2000!", rufe ich in den Hörer. „Der ALDI-Kidnapper, der Entführer von Oskar, das ist der ohne Sturzhelm! Ich weiß, wo er wohnt! Bitte, das müssen Sie mir glauben!"

---

1 **etwas auswendig kennen:** etwas im Kopf haben
2 **der Volltrottel:** (umgangssprachlich) sehr dummer Mensch
3 **die Not:** schwierige, schlimme Situation
4 **anzeigen:** bei der Polizei sagen, was jemand Kriminelles getan hat

Aus dem Telefon kommt ein leises Pfeifen. Da versucht einer nicht böse zu werden. Sicher rufen ihn jeden Tag wer weiß wie viele Leute an, denke ich, und machen sich einen Spaß und zeigen Mister 2000 an.

5 „Wirklich?", sagt der Mann endlich. „Wo ist er denn, Junge?"

„In der Dieffenbachstraße 93 in Kreuzberg", sage ich sehr langsam und sehr stolz. „Vierter Stock, Vorderhaus links oder rechts. Der Bühl. Das heißt, eigentlich heißt er Ost… Nein, Westbühl. Simon Westbühl!"

10 Es gibt eine kurze Pause, zu viele Himmelsrichtungen auf einmal. Dann sagt der Mann ganz böse: „Jetzt pass mal auf, Kleiner! Ich sehe deine Nummer auf meinem Display! Wenn du noch mal hier anrufst, weil du mich verschiffschaukeln[1] –"

Na bitte! Ich lege schnell den Hörer auf, ich will den Mann nicht
15 mehr hören. Das war ja klar.

Ganz ruhig, Rico!

Es kann ja doch so schwer sein, sich ein wenig zu konzentrieren und nachzudenken. Ich sitze hier bei den RBs fest, da kann ich überlegen, wie es mit Oskar und dem Bühl weitergeht.

20 Wohin bringt einer sein Entführungsopfer? Wenn man ihm genug zu essen und zu trinken da lässt und ein Klo[2] in der Nähe, kann das auch weit weg sein. Aber Bühls Opfer waren kleine Kinder, fast noch Dötzeken. Die sind sicher in Panik und sterben vor einem gefüllten Kühlschrank vor Hunger und machen sich in die Hosen.
25 Dann hat er den Salat[3]. Nein, die entführten Kinder sind in der Nähe von Bühls Wohnung und …

… und seine Nähe ist auch meine Nähe!

Exzellent, Rico!

Das Nachdenken geht bei mir nicht so schnell. Draußen ist es
30 schon dunkel. Nur der Mond scheint in die Küche. Soll ich das

---

1 **jemanden verschiffschaukeln:** (umgangssprachlich) sich einen Spaß mit jemandem machen
2 **das Klo:** (umgangssprachlich) Toilette
3 **da haben wir den Salat:** (umgangssprachlich) da haben wir das (größere) Problem

Licht anmachen? Lieber nicht! Bühl weiß jetzt, dass die Polizei nicht kommt. Sicher sucht er noch nach mir.

Ich trinke Wasser und suche in der Küche nach etwas zum Essen. Der Kühlschrank ist leer, wie ich weiß. Nix[1] zu machen. In einem Hängeschrank finde ich ein Päckchen Nudeln, aber der Gasofen der RBs ist so ein supermodernes Ding. Da habe ich Angst. Man will nur ein Ei kochen, und schon fliegt einem die Wohnung um die Ohren. Also öffne ich die Nudelpackung, lutsche[2] eine Nudel nach der anderen, gucke aufs Hinterhaus und warte auf das explodierte Fräulein Bonhöfer, die dort nach ihrem Aschenbecher sucht. Die Nudeln sind dick und rund, mit einem Loch von vorn bis hinten. Rigatoni, weiß ich jetzt, und mit einem traurigen Gefühl im Bauch sehe ich, wie der dicke Thorben, die Nudel in der Hand, an seinem Zimmerfenster oder am Dachgartengeländer steht und die Nudel wirft. Typisch. Mit der Fundnudel fängt alles an. Ohne sie kein Treffen mit Oskar. Und jetzt endet alles mit einer Fundnudel. In meinem abgeschnittenen Ohr, wenn der Bühl mich findet.

Im dritten Stock vom Hinterhaus sehe ich jetzt den Tieferschatten von Fräulein Bonhöfer an einem der Fenster ihrer alten Wohnung. Der Tieferschatten ist so klar, so klar war er noch nie! Er kommt von der einen Seite, sagen wir mal rechts, geht zur anderen Seite, also nach links, ist dann für eine kurze Zeit nicht zu sehen, kommt zurück und geht nach … links?

Ist ja auch egal. Der Tieferschatten ist weg. Und in mir klackert[3] etwas. Die Bingokugeln? Mehr etwas wie Puzzlestückchen, die jetzt an ihren Platz fallen.

Plötzlich verstehe ich alles.

Also gut, fast alles.

Auf jeden Fall weiß ich, was ich nun tun muss.

 ## Übungen

---

1 **nix:** (umgangssprachlich) nichts
2 **lutschen:** das macht man mit Bonbons und Lollipops
3 **klackern:** (umgangssprachlich) klack, klack, klack machen, wie zwei Steine

Die Tür zum Dachgarten steht offen, aber es riecht in Marraks
Wohnung abgestanden[1] und nach alten Socken. Seine Freundin
muss ein ganz schreckliches Waschmittel benutzen. Ich gucke
vorsichtig vom Flur aus ins Schlafzimmer. Der Marrak liegt allein
im Bett. Er schnarcht[2].

Mein Herz klopft laut. Hier ist es fast so dunkel wie im Keller der
Dieffe 93.

Der Keller ...

Auf diesem Weg, da bin ich mir jetzt ganz sicher, bringt der Bühl
seine Opfer ins verschlossene Hinterhaus. Da unten gibt es einen
Flur vom Vorderhaus nach hinten. Der Zugang ist eigentlich für
alle Hausbewohner verboten – da steht Wasser. Vor nichts habe ich
so große und schreckliche Angst wie vor Wasser. Deshalb war ich
auch nur einmal mit Mama im Keller. Schwaches Licht, klamme[3]
Luft. Es riecht schlecht und dann dieses „Plitsch – platsch – plitsch
– platsch"! Nein danke, ohne Rico!

Der Bühl holt die Kinder aus seinem Auto und trägt sie ins Haus,
vielleicht in einem hübschen Sack, vielleicht in einem großen
Koffer oder in einem Wäschesack wie dem vom Marrak. Dann an
Mommsens Parterrewohnung vorbei runter in den Keller, durch
das stockdunkle[4] Plitschplatsch und so weiter, und am Ende ins
Hinterhaus. Da sitzen die Kinder dann im dritten Stock. Wahrscheinlich haben sie etwas auf dem oder im Mund, vielleicht alte
Handtücher. Und immer, wenn er sie besucht und ihnen was zu
essen bringt oder sie aufs Klo gehen lässt, sehe ich die Tieferschatten an den Fenstern in Fräulein Bonhöfers Wohnung vorbei
gehen.

Das war mir beim Nudellutschen eingefallen. Aber etwas ist mir
nicht klar. Dieses Etwas macht mich unruhig. Es hat etwas mit vor
oder zurück zu tun, mit rechts oder links, mit erst oder dann, aber
ich verstehe nicht, was es ist. Die Bingomaschine in meinem Kopf

---

1 **abgestanden:** nicht mehr frisch
2 **schnarchen:** beim Schlafen laut sein, wie eine Säge
3 **klamm:** kalt und nass
4 **stockdunkel:** (absoluter Superlativ) sehr sehr dunkel

läuft heiß. Besser nicht weiter denken, sonst finden mich die RBs nach ihrem Urlaub mit übergekochtem Gehirn an ihrem Küchentisch. Eine schöne Sauerei[1]. Also höre ich besser auf.

Jetzt kann ich mich in der Dunkelheit in Marraks Wohnung schon besser orientieren. Im Schlafzimmer suche ich erst am Schluss – mit dem schnarchenden Marrak im Zimmer habe ich Angst. Was ich suche, finde ich hoffentlich in einem der anderen Zimmer. Ganz langsam schleiche ich durch die Wohnung. Ich finde nichts – aber dann!

Im Bad will ich erst gar nicht suchen, aber in den anderen Zimmern ist nichts. Also gehe ich doch. Ich will einfach noch nicht ins Schlafzimmer. Der Boden ist nass. Eine Dusche vor dem Schlafengehen. Schon mal gut, finde ich, auch wenn er auch so ein Ferkel[2] bleibt, so wie es in seiner Wohnung riecht. Seine Arbeitsklamotten liegen als dunkler Haufen auf dem Boden. Ich möchte jubeln[3]: Der große Bund[4] mit den vielen Sicherheitsschlüsseln hängt an der Hose! Ich nehme ihn so vorsichtig wie möglich.

An die zwanzig Stück, und nur einer kann passen! Ich muss lautlos einen nach dem anderen versuchen. Endlich finde ich den richtigen und die Tür des weißen Häuschens auf Marraks Dachgarten geht auf.

Im Treppenhaus ist es schrecklich kalt. Wie aus einem offenen Grab[5] kommt die Kälte hoch zu mir. Ich gehe langsam nach unten. Meine Angst wird immer größer. Die Treppe ist alt, die Wände

---

1 **die Sauerei:** (sehr umgangssprachlich) die Sau ist die Frau vom Schwein, eine Schweinerei ist etwas sehr Schmutziges
2 **das Ferkel:** Kind vom Schwein, hier offensiv für schmutzigen Menschen
3 **jubeln:** vor Freude rufen, „Juhu!" oder „Yippie!"
4 **der Schlüsselbund:** Ring oder so, an dem alle Schlüssel hängen
5 **das Grab:** Stelle für Tote

sind dreckig und nass. Ich höre die Toten rufen … Wie in einem
Horrorfilm, den ich bei Frau Dahling gesehen habe.

Nein, im Treppenhaus ist es wirklich kalt und dunkel. Aber Angst
macht mir das nicht. Na ja, ein bisschen. Ich darf nur nicht an den
Horrorfilm denken. Und das ist leicht, nach so viel Nachdenken in
den letzten Stunden. Aber aufpassen muss ich. Der Zugang zum
Haus ist verboten, denn es ist wirklich einsturzgefährdet. Jederzeit
kann eine Stufe[1] unter meinen Füßen brechen oder mir etwas auf
den Kopf fallen.

Aber der Bühl kommt ohne Probleme ins Haus. Und der muss
jedes Mal aus dem Keller nach oben in den dritten Stock. Ich
komme von oben aus dem fünften. Mein Weg ist kürzer.

Dann wieder Schlüsselsuche. Ohne Licht ist das der schwierigste
Teil, aber diesmal geht es sogar schneller. Nur eine Handvoll
Versuche, und plötzlich stehe ich in der Wohnung vom toten Fräu-
lein Bonhöfer.

Ich mache die Tür hinter mir zu und rufe leise und nervös Oskars
Namen. Keine Antwort. Er muss in einem der hinteren Zimmer
sein.

Die Wohnung ist komplett leer. Keine Möbel, keine Geister, nichts.
Es riecht nach diesen hübschen, kleinen lila Blumen. Veilchen. Das
ist sicher der Parfümgeruch von Fräulein Bonhöfer. Er ist immer
noch da, nach der Gasexplosion und all den vielen Jahren. Keine
Ahnung, warum, aber das macht mich richtig traurig.

Ich schleiche durch den Flur, an einem Klo, der Küche und dem
ersten Zimmer vorbei. Nichts und niemand zu sehen. Ich kriege
fast einen Herzinfarkt, weil ich durch eines der Fenster auf das
Vorderhaus dem Bühl fast genau in seine hell erleuchtete Küche
gucken konnte. Den Drecksack in Person nicht, aber auf seinem
Herd kocht etwas. Dann ist der Bühl nicht weit. Aber vielleicht
kocht er was zu essen für Oskar.

Ich habe nicht viel Zeit.

---

1 **die Stufe:** Element einer Treppe

Der Flur endet vor einem Zimmer. Da geht es in den hinteren Teil
der Wohnung.
Abgeschlossen.
Schlüssel ausprobieren.
5 Erfolg[1] nach dem neunten Versuch.
Tür auf und weiter.
Jetzt sehe ich durchs Fenster mein eigenes Zimmerfenster. Es ist
natürlich dunkel, aber wenn nicht? Denk dir, es ist hell und ich
sehe mich da stehen.
10 Mann, Mann, Mann!
„Oskar?"
Immer noch keine Antwort.
Ich werde immer nervöser. Auch die nächste Tür öffne ich wie
im Spiel. Warum ist sie abgeschlossen? Ich mache sie auf. Alles
15 schwarz!
„Oskar?"
Ich gehe blind[2] geradeaus. Es riecht nicht mehr nach den Veilchen
von Fräulein Bonhöfer. Es riecht nach Cheeseburger Royal. Ich
laufe mit Kopf und Knie gegen die Wand.
20 „Du hast meinen Flieger, richtig?", sagt jemand.
Jetzt muss ich lachen.
„Nur, weil er im Müllcontainer war!", antworte ich.
„Und dann warst du bei Sophia."
„Ja, aber sie erzählt ja nichts. Sie hat Angst um dich. Durch Nach-
25 denken weiß ich, wo du bist!"
„Ich bin froh, dass du da bist", sagt er. „Woher hast du die Schlüssel?"
„Vom Marrak. Der schläft."
„Ganz schön schlau. Okay, schließ jetzt erst mal die Tür wieder ab."
„Warum?"
30 „Weil es da einen Schaltkontakt gibt. Das Licht geht nur dann an,
wenn die Tür abgeschlossen ist."
„Ach, so was gibt's?"
„Schließ einfach die Tür zu", kommt die Antwort.

---

1 **der Erfolg:** positives Resultat
2 **blind:** ist, wer nicht sehen kann

Ich brauche etwas Zeit. Ich muss ja den Schlüssel wiederfinden. Oskar wartet und sagt nichts mehr.

Es wird hell und ich sehe ihn endlich. Er sieht nicht wie ein Entführungsopfer aus. Er sitzt auf einer alten Matratze[1], um ihn viele Verpackungen von McDonald's und dutzende[2] von leeren Colaflaschen. Was für ein Schweinestall!

Oskar sieht prima aus. Gut, er ist auch erst seit gestern hier. Aber wenigstens kaputte Klamotten, ein dreckiges Gesicht und so weiter. Aber nur sein rechter Arm hängt an einer kurzen Kette[3] an der Wand – hoch über ihm, und Oskar kann sich nicht auf die Matratze legen. Er muss hier im Sitzen schlafen!

Wo ist das Klo? Es riecht nicht nach Pipi, es riecht nach Cheeseburgern. Es muss ein Klo geben.

„Es ist da vorn im Flur, hinter der Wohnungstür", sagt Oskar. Kann er Gedanken lesen?

Aber jetzt ist mir alles klar. Wenn der Bühl mit einem Kind zum Klo geht, sehe ich die Tieferschatten.

Oskar lacht mich aus grünen Augen an, und auf einmal fühle ich mich wie ein großer Bruder. Ich bin so stolz, ich werde ganz rot. Ich habe Oskar gerettet[4]! Etwa zur Hälfte.

„Was ist das für eine Kette?"

„Stahl[5], denke ich", sagt Oskar. „Wahrscheinlich weniger als 0,8 Prozent Mangan und 0,5 Prozent Silizium."

„Okay, okay! Wie soll ich dich frei machen?"

„Es gibt ein Schloss hier. Der Schlüssel ist unter den anderen", sagt Oskar.

„Unter welchen anderen?"

„*Bei* den anderen! In deiner Hand."

„Sag's doch gleich!"

„Lern du doch Deutsch!"

---

1 **die Matratze:** weich, zum Schlafen, normalerweise liegt sie auf dem Bett
2 **das Dutzend:** zwölf, klein geschrieben: viele
3 **die Kette:** aus Metallelementen, bindet die Hände und den Sklaven an den Füßen
4 **jemanden retten:** aus einer sehr schwierigen Situation helfen
5 **der Stahl:** Eisen (Fe) mit Kohle (C), sehr hartes Metall

Bin ich nicht sauer? Nein. Armer Oskar! So viele Hamburger und Cheeseburger essen müssen! Oder vielleicht doch nicht? Der Verpackungsmüll kommt vielleicht von allen sechs Opfern.
Irgendetwas störte mich an diesem Gedanken – plötzlich ist da wieder dieses komische Gefühl. Die Bingokugeln in meinem Kopf laufen vor oder zurück, nach rechts oder links, erst oder dann, schön, aber sie sind in die falsche Richtung gelaufen. Aber warum? Jetzt kann ich nicht nachdenken. Oskar muss freikommen.
Den richtigen Schlüssel finde ich zum Glück schnell, es ist der kleinste von allen. Oskar ist wieder frei. Beim Aufstehen hat er Schmerzen.

 **Übungen**

DIE FLUCHT

Lieber Herr Wehmeyer,

ich will jetzt keine Beschwerden[1] hören, jetzt wird es ernst! Sogar sehr

dramatisch, und Sie können froh sein, dass ich alles hier im Kranken-

haus noch aufschreiben kann.

5 *Machen Sie sich schon mal Gedanken um den Bonus.*

Ihr Frederico Doretti

Laufen geht einfacher als Sitzen und Oskar hat keine Schmerzen

mehr. Durch das Fenster in einem der Vorderzimmer sehe ich, dass

beim Bühl noch das Licht an ist. Der Kinderzerstückler ist sogar zu

10 sehen. Er holt sich gerade was zu trinken aus seinem Kühlschrank

und quatscht[2] in sein Handy. Wenn Oskar und ich jetzt nicht das

Hinterhaus zum Einsturz bringen, können wir weglaufen und zur

Polizei. Anders als mir, glauben sie Oskar sicher, wenn er vor ihnen

steht. Wir müssen nur schnell genug sein.

15 Im Treppenhaus nehmen wir uns bei den Händen. Stockdunkel,

schon wieder. Ich will die erste Treppenstufe zum weißen Häus-

chen auf dem Dach nehmen, aber Oskar hält mich zurück.

„Bist du verrückt?", zischt[3] er. „So laufen wir ihm ja direkt in die

Arme!"

20 „Wenn wir nach unten gehen, laufen wir ihm in die Arme!" antworte

ich. „Er kommt ja durch den Keller!"

„Was für einen Keller?"

„Der, durch den er mit dir …"

„Warum denn durch den Keller?" fragt Oskar.

25 „Weil er anders nicht ins Hinterhaus kommt!"

„Und wie kommst du ins Hinterhaus?"

---

1 **die Beschwerde:** Kritik, Reklamation
2 **quatschen:** (umgangssprachlich) reden, sprechen
3 **zischen:** schnell und leise sprechen, wie eine Schlange (Kobra, Mamba, Python)

Langsam bin ich genervt. Wir haben keine Zeit. Vielleicht kommt der Bühl schon.

„*Ich* bin über den Dachgarten vom Marrak gekommen", erkläre ich. „Durch das weiße Häuschen. Mit den Schlüsseln vom Marrak. Die hat der Bühl doch nicht!"

„Der Bühl?", fragt Oskar verständnislos. „Was hat das denn mit dem Bühl zu tun?"

Wieder habe ich das Gefühl, mit meinen Gedanken auf dem falschen Weg zu sein – nur wird das Gefühl jetzt sehr stark. Ich bin ein Vollidiot! Ich bin der tiefbegabteste Tiefbegabte von allen Förderzentren der Erde. Das war keine Frage von rechts oder links, von vor und zurück. Es war allein *erst* und nicht *dann*: Der Bühl wohnt gerade mal seit einer Woche in der Dieffe! Die Tieferschatten gibt es aber schon viel, viel länger – seit ein paar Monaten, seit den ersten Entführungen. Warum und wie soll der Bühl hier …?

„Es ist der Marrak!", flüstere ich. „Sicherheitsmanagement!"

„Das ist der Entführer", sagt Oskar. „Von Sophia weiß ich von dem Schlüsselbund. Und von seinem roten Arbeitsanzug."

„Und Sophia selber", sage ich. „Woher kennst du die?"

„Da hilft einfach fragen, an allen Tempelhofer Grundschulen."

„Warum sie? Warum nicht eins von den anderen Kindern?"

„Sie war das zweite Opfer. Und da waren die Fotos in den Zeitungen. Sophia sieht aus wie eine, die redet, oder nicht?"

„Der Schlüsselbund und der rote Arbeitsanzug", wiederhole ich leise. „Der Marrak. Mann, Mann, Mann!"

Oskar sagt nichts. Ich sehe ihn vor mir, wie er mit Sophia redet. Wie Sophia ihm erzählt, was sie nur einem anderen Kind erzählen kann. Wie sie vor Glück Oskar ihren kleinen roten Flieger schenkt. Wie Oskar sich den Flieger ans Hemd macht, ein glücklicher kleiner Junge mit einem blauen Helm auf dem Kopf, der sonst keine Freunde findet, weil er zu schlau für diese Welt ist.

„Ich soll niemandem sagen, was ich von ihr weiß", flüstert Oskar.

„Und dann?", flüstere ich.

„Aus dem Telefonbuch habe ich alle Schließdienste in Berlin", erklärt mir Oskar. „Bin wochenlang, jeden Nachmittag nach der

Schule persönlich zu all diesen Leuten. Dann finde ich den Marrak.
Im Telefonbuch steht nur seine Handynummer, nicht die Adresse.
Aber ich sehe ihn bei einer anderen Firma für Schließdienste. Ich
weiß sofort, das ist der Richtige. Ich nehme ein Taxi und folge ihm."

5 „Hey, ich bin auch Taxi gefahren!"

„Aber bis zum Ende, oder? An einer roten Ampel sieht der blöde
Fahrer mich an und fragt: ‚Kannst du eigentlich bezahlen?‘ Ich
habe zu wenig Geld bei mir und er will nicht weiterfahren. Da
sind wir in der Urbanstraße. Weiter vorn sehe ich den Marrak in

10 die Grimmstraße fahren. Ich zu Fuß hinterher. Sein Auto steht in
der Dieffe, aber in welchem Haus ist er jetzt? Ich warte. Etwa zwei
Stunden später kommt er aus Nummer 93. Wohnt er da? Frage ich
mich …"

„… dann gehst du durch die Dieffe und triffst mich."

15 Ich sehe Oskar nicht, aber ich spüre, dass er nickt. Ich spüre
außerdem etwas Bitteres im Mund.

„Du willst ins Haus und da komme ich gerade richtig! Du benutzt
mich! Du willst nach dem Marrak suchen!"

Wieder keine Antwort. Ich sage auch nichts mehr. Warum laufen

20 wir nicht weg? Wir stehen in einem einsturzgefährdeten Treppenhaus, sehen die Hände vor Augen nicht und schweigen[1] – ich bin
traurig und Oskar weiß nicht, wie er sich entschuldigen soll.

„Am Anfang", sagt er endlich und macht wieder eine kleine Pause.
„Am Anfang warst du mir egal. Für mich waren nur Marrak und

25 das Haus interessant. Aber oben auf diesem Dachgarten – jetzt tut
es mir leid. Ich mag dich, Rico! Du bist mein einziger Freund. Du
warst noch nie gemein[2] zu mir, und du setzt für mich dein Leben
aufs Spiel."

Ich grummele[3] ein bisschen. Einen anderen Freund als Oskar habe

30 ich auch nicht. Es ist komisch, dass die Leute mit einem nicht
so Schlauen praktisch genauso wenig anfangen können wie mit
einem nicht so Dummen. Ich denke an den Nachmittag auf dem

---

1 **schweigen:** nichts sagen
2 **gemein:** (Kindersprache) böse
3 **grummeln:** (umgangssprachlich) böse sein, deshalb nichts Klares sagen

Dachgarten und wie Oskar seine warme Hand in meine legt. Das war sehr schön, und keine Lüge. Das weiß ich einfach.

„Wie war das mit deiner Entführung?", frage ich.

„Das war einfach. Dienstag war der richtige Tag, aber dann war da unsere Verabredung."

„Und du bist ohne Helm aus dem Haus?"

„Ich habe weniger Angst, wenn du bei mir bist", sagt Oskar leise und spricht dann schnell weiter. „Mit der U-Bahn zum Kottie und von dort zu Fuß Richtung Dieffe. Aber in der Grimmstraße sehe ich den Marrak in sein Auto steigen."

„Das war meine Chance!", erzählt Oskar. „Also bitte ich ihn mich im Auto mitzunehmen – ich suche meinen Papa und so weiter, ehm … Auf die Schnelle eine schöne Geschichte … Er nimmt mich also mit. Nach drei Ampeln sprüht[1] der Marrak mir was ins Gesicht. Erst am Nachmittag wache ich wieder auf. Da holt er mich aus dem Wäschesack –"

„Du warst in seinem Wäschesack?"

„Glaube schon."

Was finde ich jetzt unglaublicher[2]: Der Marrak steckt Oskar in den Sack und macht erst in aller Ruhe bis nachmittags seine Arbeit. Dann treffe ich ihn im Treppenhaus, unterhalte mich mit ihm und zu unseren Füßen liegt Oskar im Wäschesack! Das kann ich Oskar erst sehr viel später erzählen. Der Schock ist schon für mich fast zu groß – und dann, dass der Marrak in Wirklichkeit vielleicht gar keine Freundin hat, die ihm die Wäsche macht!

„Meinen linken Arm kann ich freimachen", erzählt Oskar weiter. „Tja, und am weißen Häuschen nehme ich mir den roten Flieger vom Hemd und werfe ihn über das Geländer."

„Aber warum? Der Marrak will doch nur das Lösegeld!"

„Ich war mir nicht sicher", sagt Oskar leise, „dass mein Papa das Geld … dass er es schnell genug zusammenkriegen kann. Und so weiter."

---

1 **sprühen:** macht man mit einem Spray
2 **unglaublich:** ist, was man nicht glauben kann

„Nur für diesen Fall", sagt er, immer noch leise, „warst du meine
einzige Hoffnung. Sie war zwar nur winzig[1] klein, aber am Ende
groß genug."

Was soll ich sagen?

5 „Lange Geschichte", ruft da ein Mann über uns. „Aber danke für
die interessante Erzählung!"

Das Licht einer Taschenlampe fällt auf uns.

Oskar und ich schreien gleichzeitig los. Wir rennen[2] auch gleichzeitig los – über die Treppe nach unten. Der Marrak kommt sofort

10 hinter uns her, was eine komische Art von Glück ist, denn seine
Taschenlampe hilft uns den Weg finden. Wir laufen und springen[3]
durch das Hinterhaus und ich frage mich, welcher Schwachkopf es
für einsturzgefährdet hält – es steht bombenfest.

Unten stehen wir vor der verschlossenen Tür zum Hinterhof. Ich

15 gebe Oskar den Schlüsselbund in die Hand. Er ist schlauer als ich.
„Mach du!", zische ich. „Ich stoppe ihn!"

Der Marrak landet hinter uns. Seine Taschenlampe fällt zu Boden.
Im Lichtschein sah ich Oskar neben mir stehen. Er soll den richtigen Schlüssel suchen, aber er steht nur da und tut nichts – er fühlt

20 sich gerade wie ein Baum oder eine Verkehrsampel oder so etwas.
„Endstation!", sagt der Marrak.

Was soll ich tun? Mir muss etwas einfallen. Langsam startet die
Bingomaschine in mir. Noch fünf Sekunden und alles ist zu spät.
Also werfe ich ihm die erstbeste Frage, die mir einfällt, vor die Füße.

25 „Warum der Anruf bei Oskars Vater und nicht ein Brief, so wie
sonst?"

Der Marrak starrt mich böse an, aber seine Antwort kommt wie
aus der Pistole geschossen. „Geht schneller", knurrt er. „Diese
neunmalkluge[4] Nervensäge[5] will doch niemand bei sich haben!"

30 Das fette Gesicht des Entführers kommt ihm jetzt sehr nah, aber
Oskar steht ganz still da.

---

1 **winzig klein:** sehr sehr klein
2 **rennen:** schnell laufen
3 **springen:** weit nach oben, ohne Kontakt mit dem Boden
4 **neunmalklug:** für eine Person, die immer alles besser weiß
5 **die Nervensäge:** Person, die andere irritiert, die anderen nervt

„Du bist das schrecklichste Kind, das ich kenne!", schreit der
Marrak ihn an. Aber plötzlich wird er ganz freundlich. Der hat
nicht alle Tassen im Schrank[1], das ist klar. Der hat nicht einmal
einen Schrank.

„Eigentlich mag ich Kinder!", sagt er jetzt ganz zuckersüß. „Ich
mag sie sogar sehr. Ihre Eltern sollen nur ein bisschen besser auf
sie aufpassen, mehr will ich gar nicht. Böse Welt da draußen. Das
Geld war mir egal. Doch, doch, ist schon so, ich mag Kinder. Sogar
behinderte!"

Jetzt sieht er mich an. Über seine Schulter sehe ich, wie Oskar
endlich etwas tut. Vorsichtig und lautlos beginnt er am Schloss zu
arbeiten.

„Aber ich mag auch meine Freiheit!", sagt der Marrak mir mitten
ins Gesicht. „Warum steckst du deine Nase in meine Angelegen-
heiten[2], Rico Doretti? Jetzt muss ich sie dir leider abschneiden."

Er kommt auf mich zu.

Das geht so nicht.

„Ihre Reihenfolge[3] ist falsch", sage ich.

Jetzt macht der Marrak große Augen. „Was für eine Reihenfolge?"

„Die mit dem Abschneiden. Erst schneidet man die Ohren ab."

Ich habe nichts von Felix' Liste vergessen! „Entführer schneiden
einem *immer* zuerst die Ohren ab, und zwar beide. Dann eine
Hand, später den –"

„Du behinderter kleiner Schwach–"

„Lassen Sie mich ausreden[4]!"

Also echt, da weiß ich endlich mal was, und dann kommt so einer!
Ich bin wirklich böse und schreie weiter.

„Dann den Arm! Den anderen brauchst du noch. Das Opfer muss
ja die Briefe schreiben. Aber ich sage Ihnen gleich, meine Mutter
kann höchstens mein Sparschwein für Sie knacken[5]! Und, ehm …
fertig!"

---

1 **nicht alle Tassen im Schrank haben:** (Redewendung) psychisch nicht gesund sein
2 **die Angelegenheit:** (formal) Sache
3 **die Reihenfolge:** wie eins auf das andere folgt
4 **ausreden:** zu Ende reden
5 **etwas knacken:** (umgangssprachlich) Tresor oder Safe aufmachen

Besonders intelligent ist das alles vielleicht nicht. Natürlich kann er mir auch gleich beide Arme abschneiden. Mama hat das Geld sowieso nicht. Aber es tut gut, den Marrak anzuschreien. Zu meinem großen Glück bleibt ihm keine Zeit mir zu antworten.

5 Oskar schafft es. Die Tür fliegt auf. Weißes Mondlicht fällt ins Treppenhaus. Ich laufe am Marrak vorbei wie der Blitz. Leider ist Oskar sehr klein und er läuft nicht. Er wartet auf mich – und ich sehe ihn nicht. Ich falle, er … wir fliegen beide im Hinterhof auf den Boden. Dann kommt der Marrak und fällt mit einem Schrei

10 über uns. Neben mir rappelte Oskar sich auf[1] und reicht[2] mir seine Hand. Ich nehme sie und komme auch hoch.

„Weiter, schnell!", sage ich.

Wir laufen wieder los, Oskar vor mir. Ich bin schneller als Oskar, laufe an ihm vorbei und komme als Erster an der großen Tür zum

15 Vorderhaus an.

An der großen *klemmenden*[3] Tür!

Ich hänge mich an die Tür! Doch sie öffnet sich gerade mal drei oder vier Zentimeter! Das ist selbst für Oskar zu eng.

Ich gucke in den Hof, die harte Tür im Rücken. Neben mir steht

20 Oskar. Im Mondlicht sehe ich, dass der Marrak wieder auf die Beine kommt. Er starrt uns aus wilden Augen an und rennt im nächsten Moment auf uns zu.

„Polizei!", schreit da jemand über uns. Ich sehe nach oben. Im vierten Stock steht der Bühl im Fenster, eine Pistole in der rechten

25 Hand. „Bleiben Sie stehen, oder ich muss von der Schusswaffe Gebrauch machen[4]!"

Aber der Marrak ist schon bei uns, über uns, ein schreckliches Gebirge aus Kraft[5] und Zorn[6]. Ich lege Oskar meine Hände um den Kopf und starre dem Marrak fest in die Augen. Leider können

30 Mama und Oskar das besser als ich. Es funktioniert gar nicht.

---

1 **sich aufrappeln:** (umgangssprachlich) langsam und mit Problemen wieder aufstehen
2 **jemandem etwas reichen:** (elegant) geben
3 **klemmende Tür:** Tür, die nicht oder nur schwer aufgeht
4 **von der Schusswaffe Gebrauch machen:** (offiziell) die Pistole benutzen
5 **die Kraft:** (hier) muskuläre Energie
6 **der Zorn:** Aggression

Das Letzte, was ich höre, ist ein unmenschlicher Schrei. Das Letzte, was ich sehe, sind zwei Dinge, die vom Himmel kommen, eins über mir und das andere über dem Marrak. Über mir kommt Marraks Faust[1]. Er trifft mich damit voll von rechts am Kopf, mir wird schwarz vor Augen, aber ich sehe noch, wie auch er zu Boden geht.   5

Millionen Jahre später werde ich wieder wach. Jemand trägt mich durch den Hausflur. Ich gucke hoch und sehe das Gesicht vom Bühl, der mich in seinen Armen hält. Jemand macht die Haustür auf, wahrscheinlich der Mommsen. Jemand weint, wahrscheinlich Frau Dahling. Jemand redet pausenlos, wahrscheinlich Oskar.   10
Rotes Licht auf der Straße vor der Dieffe 93, aber ich gucke immer noch rauf zum Bühl. Es ist wie im Traum, ich höre mein eigenes, leises Flüstern, und der Bühl hält mich fest in den Armen und er versteht jedes Wort.
„Eines Tages ist mein Papa mit Freunden in einem Boot raus, vor   15
der Küste von Neapel. Es war ein stürmischer Herbsttag. Mein Papa angelt[2]. Er hat einen sehr großen Fisch an der Angel, aber der große Fisch ist stärker. Papa geht über Bord."

 **Übungen**

---

1 **die Faust:** geschlossene Hand
2 **angeln:** Fische fangen

SCHÖNE AUSSICHTEN

Mama besucht mich hier im Krankenhaus. Alle anderen dürfen noch nicht zu mir: der Bühl nicht, Frau Dahling nicht, Berts nicht. Der Kiesling und der Mommsen auch nicht, obwohl ich es nett finde, dass beide nach mir fragen. Selbst Oskar lassen sie nicht zu mir, ich sehe ihn erst morgen. Und alles nur wegen einer kleinen Gehirnerschütterung[1]!

„Da unten stehen die Journalisten." Mama guckt durch mein Einzelbettzimmerfenster nach draußen.

„Werde ich jetzt berühmt[2]?"

„Das seid ihr schon. Du und Oskar. Aber nur für ein paar Tage. Wir leben in einer schnellen Welt, die schnell vergisst."

Sie trägt schwarze Sachen, in denen sie aussieht wie ein kleines Stückchen Mitternacht, und ihr Gesicht ist ganz traurig. Ich habe nichts damit zu tun. Onkel Christian ist tot. Er war ein Blödmann, aber auch Mamas Bruder.

Mama war nur wegen mir hier, für ein paar Stunden. Jetzt muss sie wieder nach unten links, wegen der Beerdigung[3] und so weiter. Sie tut mir wirklich leid, aber ich freue mich auch ein bisschen. Onkel Christian liegt nun doch ohne mich in seinem Sarg. Für ihn ist es sicher auch bequemer.

„Weißt du, was das Verrückte ist?", sagt Mama jetzt. „Das Verrückte ist, dass Christian alles mir vererbt[4]. Er war ganz allein. Traurig, findest du nicht?

„Sind wir jetzt reich?"

„Wie man's nimmt. Da ist auch dieses Haus …"

„Müssen wir jetzt etwa umziehen?", rufe ich.

„Wir müssen nicht." Sie sieht mir fest in die Augen. „Aber wir tun es."

Es ist schwierig, mit einer Gehirnerschütterung zu denken. Aber etwas in mir denkt ganz von allein: ich verliere Oskar als Freund, wenn ich auf der Karte nach unten links umziehe, und Frau

---

1 **Gehirnerschütterung:** Gehirntrauma
2 **berühmt:** ist jemand, den alle kennen
3 **die Beerdigung:** da kommt ein Toter unter die Erde
4 **vererben:** wenn jemand tot ist, bekommt jemand anders Haus und Geld

Dahling und die Brote. Ein anderes Förderzentrum für mich und der Wehmeyer liest niemals mein Ferientagebuch. Das mit dem Bühl und Mama wird auch nichts. Ich gucke sie böse an.

„Weißt du", sagt sie sehr langsam, „dass in einem Haus in der Dieffe ziemlich bald eine Wohnung frei wird. Oben im Fünften. Mit Dachterrasse und so weiter. Die Aussicht über Berlin ist phänomenal, sagt man."

„Dann wohnen wir über dem Bühl!", rufe ich.

„Ja. Direkt über einem Polizisten."

Bühl war also nicht der Kidnapper. Er war Kriminalkommissar. Deshalb war der sechste rote Punkt auf seinem Stadtplan schon vor der Abendschau da. Deshalb das Telefonat mit Oskars beknacktem Vater und deshalb war er da so böse. Und deshalb war auch der Mann vom Notruf so sauer – ich kann ja nicht den Kommissar, der den Kidnapper sucht, als Kidnapper anzeigen.

„Findest du immer noch, dass er eine scharfe Schnitte ist?", frage ich Mama vorsichtig.

Die falsche Frage, okay. Plötzlich sehe ich wieder diese Traurigkeit auf ihrem Gesicht, wie letzten Montag nach dem Besuch vom Bühl. Aber diesmal ist etwas anders. Sie antwortet nicht und gibt mir nur einen Kuss. Dann ist sie weg. Ein bisschen Hoffnung gibt es vielleicht noch.

So, das ist alles. Ab jetzt gibt es Ferien für das Ferientagebuch. Ich muss mich erst mal ausruhen. Die Bingomaschine in meinem Kopf muss in Ordnung kommen. Zurzeit schreibe ich mit der Hand, in ein Heft, das ich von Mama habe. Nächste Woche, nach meiner Entlassung, muss ich alles noch in den Computer eintippen, wegen der Korrekturfunktion.

Ich muss schnell machen, gleich gibt's Abendessen, und wenn Schwester Leonie rauskriegt, dass ich den ganzen Nachmittag hier geschrieben habe, gibt es Ärger. Sie ist toll und sieht klasse aus, wie ein Mix aus Jule und Fußpflegerin Cindy. Also weg mit dem Heft. Eigentlich hab ich jetzt auch alles erzählt.

Alles bis auf eines.

Die Frage aller Fragen bleibt, warum Fitzke in seiner stinkenden Wohnung nicht nur *einen* großen Stein hat, nein, nein, *hunderte andere Steine* liegen da, kleine und große! Das sagt die Polizei. Aber warum, das will Fitzke keinem sagen, auch nicht dem Bühl, auch wenn sie doch jetzt Nachbarn sind. Aber mitten in der Nacht dem Marrak einen Stein auf die Rübe[1] werfen, das war eine gute Idee. Morgen muss ich das Oskar erzählen.

Ja, ganz sicher werde ich Oskar morgen davon erzählen.

 Übungen

---

1 **die Rübe:** (umgangssprachlich) der Kopf

Hintergrundinformationen:

Berlin

Berlin ist eine internationale Stadt. In einigen Teilen ist sie noch ein bisschen internationaler als sonst. Kreuzberg ist so ein ganz besonders gemischter Stadtteil. Dort leben viele Menschen, die oder deren Familien aus fremden Ländern nach Berlin kamen, vor allem aus der Türkei. Doch in der Dieffenbachstraße, wo Rico wohnt, leben vor allem deutsche Familien. Auch die sind natürlich gemischt: Ricos Vater war Italiener, manche Nachbarn haben polnische Familiennamen. Aber der Charakter der Straße ist ein wenig anders als sonst in Kreuzberg.

Traditionell ist Kreuzberg ein Arbeiterviertel. Dann kamen die Studenten und die jungen Familien. Heute wird es dort für Leute mit wenig Geld zu teuer. Viele finden Kreuzberg schick und wollen dort leben. Die Bäckereien und die Metzger und die kleinen Supermärkte werden Cafès und Galerien und Luxusboutiquen. Die Mieten für die großen alten Wohnungen steigen. Was die Zukunft bringt? Neue Mischungen, so viel ist klar.

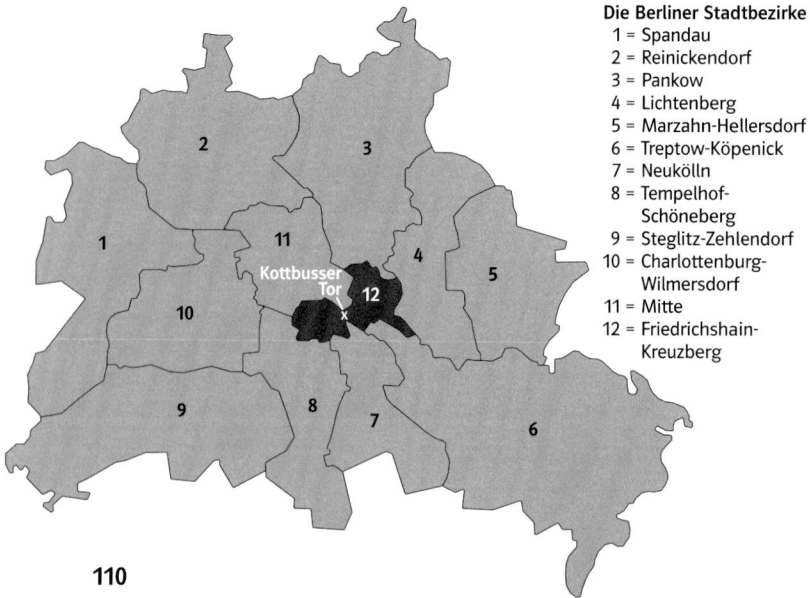

Die Berliner Stadtbezirke
1 = Spandau
2 = Reinickendorf
3 = Pankow
4 = Lichtenberg
5 = Marzahn-Hellersdorf
6 = Treptow-Köpenick
7 = Neukölln
8 = Tempelhof-
Schöneberg
9 = Steglitz-Zehlendorf
10 = Charlottenburg-
Wilmersdorf
11 = Mitte
12 = Friedrichshain-
Kreuzberg

Übungen zum Leseverstehen

SAMSTAG
DIE FUNDNUDEL

1. **Wer wohnt wo im Haus in der Dieffenbachstraße 93? Schreibe die Nummern (1–10) mit der passenden Information (A–J) in das Haus auf S. 112.**

1 | Ricos Mutter

2 | Frau Dahling

3 | Fitzke

4 | Westbühl

5 | Runge-Blawetzkys

6 | Marrak

7 | Kiesling

8 | Familie Kessler

9 | Jule, Berts und Massoud

10 | Mommsen

A | hat keinen Mann mehr, aber einen Flachbild-Fernseher.

B | rasiert sich nicht, trägt den ganzen Tag seinen Pyjama.

C | sind gerade in Urlaub und Rico gibt ihren Pflanzen Wasser.

D | sind Studenten und nett. Aber nur einer ist im Moment da.

E | trägt oft einen Sack mit schmutziger Wäsche.

F | ist Zahntechniker in Berlin-Tempelhof.

G | ist neu im Haus und Rico kennt ihn noch nicht.

H | ist der Hauswart und trinkt etwas zu viel.

I | hat vier Kinder, ist aber in Urlaub.

J | arbeitet nachts und geht gern Bingo spielen.

5. Stock	_____ _____
4. Stock	_____ _____
3. Stock	_____ _____
2. Stock	_____
1. Stock	_____
Erdgeschoss	Durchgang zum Hinterhaus _____

1. Mister 2000. Was stimmt, was stimmt nicht? Kreuze an.

	stimmt	stimmt nicht
a) Er schneidet Kinder in Stücke.	◯	◯
b) Er nimmt Kinder mit.	◯	◯
c) Er schreibt den Eltern Briefe.	◯	◯
d) Er isst mit Rico Fischstäbchen.	◯	◯
e) Er nimmt 2000 Euro von den Eltern.	◯	◯
f) Er entführt Kinder aus immer anderen Stadtteilen von Berlin.	◯	◯
g) Er macht Blutsoße.	◯	◯
h) Er lässt die Kinder wieder gehen.	◯	◯
i) Er entführt größere Kinder.	◯	◯

IMMER NOCH SAMSTAG
OSKAR

1. Wohin geht Rico in diesem Kapitel? Trage die Stationen A – D richtig ein. <u>Achtung:</u> Eine Station stimmt nicht, eine kommt zweimal!

A | zu Edeka

B | zu sich nach Hause

C | zum Förderzentrum

D | zu Frau Dahling

Station 1: ◯

Station 2: ◯

Station 3: ◯

Station 4: ◯

2. Was ist besonders an Rico, was an Oskar und was an Sophia? Kreuze an.

	Rico	Oskar	Sophia
a) Ist sehr intelligent.	◯	◯	◯
b) Ist nicht so schlau.	◯	◯	◯
c) Sieht nicht nett aus.	◯	◯	◯
d) Hat keinen Vater mehr.	◯	◯	◯
e) Lebt allein mit seiner Mutter.	◯	◯	◯
f) Hat ein Mondgesicht.	◯	◯	◯
g) Trägt ein rotes Flugzeug am Hemd.	◯	◯	◯
h) Sieht mit einer Nachbarin fern.	◯	◯	◯
i) Hat sehr große Zähne.	◯	◯	◯
j) Hat Spaghettihaare.	◯	◯	◯
k) Hat einen Fleck auf dem T-Shirt.	◯	◯	◯
l) Trägt beim Spazierengehen einen Sturzhelm.	◯	◯	◯
m) Sein Vater war Italiener.	◯	◯	◯

SONNTAG
● DAS FERIENTAGEBUCH

Was sagt der Wehmeyer Rico direkt oder indirekt (✔), was nicht (✘)? Kreuze an.

	(✔)	(✘)
a) Schreib einen Aufsatz, aber bitte mit der Hand und nicht auf dem Computer.	○	○
b) Du schreibst sehr gut und richtig.	○	○
c) Du schreibst vieles falsch, erzählst aber gut.	○	○
d) Eine Wasserleiche, die bis in die Nordsee schwimmt, gehört nicht zum Thema Landwehrkanal.	○	○
e) Bitte schreib nichts über Mister 2000.	○	○
f) Ich möchte eine phantasievolle Geschichte.	○	○
g) Bitte erzähl einfach, was du in den Ferien machst und denkst.	○	○
h) Die automatische Korrektur deines Textprogramms kann dir helfen.	○	○

MONTAG
● DER BÜHL

1. Welche Leute kommen vor Ricos Wohnungstür zusammen. Kreuze an.
<u>Tipp:</u> Zwei Namen sind nicht dabei.

a) | Simon Westbühl   **b)** | Oskar   **c)** | Marrak

d) | Mommsen   **e)** | Kiesling   **f)** | Berts

2. Was wissen wir über die Leute? Ergänze die Namen.

a) _____ arbeitet in Tempelhof.

b) Rico findet _____ toll.

c) _____ ist klein und trägt einen Helm.

d) _____ bringt oft Wäschesäcke aus dem und ins Haus zurück.

IMMER NOCH MONTAG
AUF DEM DACH

1. Was trifft auf Rico und Oskar zu? Kreuze an.

	Rico	Oskar
a) ist hochbegabt	◯	◯
b) ist tiefbegabt	◯	◯
c) hat Angst auf dem Dach	◯	◯
d) hat Angst vor Fitzke	◯	◯
e) läuft schnell	◯	◯
f) läuft langsam	◯	◯

2. Beantworte die Fragen.

a) Von wo sieht man über das Urban-Krankenhaus bis nach Tempelhof?

Antwort: _____

b) Von wo sieht man über hunderte von Häuserdächern?

Antwort: _____

c) Von wo sieht man das Hinterhaus von der Dieffe 93?

Antwort: _____

3. Was ist richtig, was ist falsch? Kreuze an.

	richtig	falsch
a) In Marraks Dachgarten stehen mehr Pflanzen als bei RB.	◯	◯
b) Vom Paravent der RBs kommt man in ein Häuschen.	◯	◯
c) In Marraks Dachgarten steht ein Häuschen.	◯	◯
d) Von dem Häuschen in Marraks Garten kommt man ins Hinterhaus.	◯	◯
e) Von dem Häuschen in Marraks Garten kommt man ins Vorderhaus.	◯	◯

	richtig	falsch

f) Die Tür zu Marraks Häuschen ist zu. Man braucht einen Schlüssel. ◯ ◯

g) Rico sieht im Hinterhaus immer die Tieferschatten. Deshalb möchte er nicht in das Haus gehen. ◯ ◯

h) Rico sieht im Hinterhaus immer die Tieferschatten. Deshalb möchte er mit Oskar in das Haus gehen. ◯ ◯

4. Freundlich oder unfreundlich? Kreuze an.

	freundlich	unfreundlich
a) die psychiatrische Klinik	◯	◯
b) die Klappsmühle	◯	◯
c) verrückt	◯	◯
d) psychisch krank	◯	◯
e) bekloppt	◯	◯
f) beknackt	◯	◯
g) lernbehindert	◯	◯
h) Schwachkopf	◯	◯

DIENSTAG

● **RAUF UND RUNTER**

1. Ergänze die fehlenden Wörter.

böse   Frau Dahling   Filme   weint

Brote   Oskar   Mutter   Bruder

Am frühen Morgen denkt Rico, heute kommt _____ (1) zu

Besuch. Er kommt aber nicht. Rico ist traurig. Er denkt auch, er geht heute

Abend mit seiner _____ (2) Bingospielen. Doch seine Mutter

sagt ihm: „Mein _____ (3) hat Krebs. Ich muss zu ihm und wir

können nicht Bingo spielen!" Dann wird sie _____ (4) auf Rico,

weil er nur an sich selbst denkt. Sie _____ (5). Jetzt ist Rico ganz

schrecklich traurig. Aber er soll am Abend zu _____ (6) gehen.

Bei der isst er _____ (7) und sieht _____ (8). So

traurig braucht er doch nicht zu sein.

**2. So viele umgangssprachliche Wörter . . . Zum Teil sind sie etwas
vulgär, aber es ist wichtig, dass du sie verstehst! Welches Wort (1–10)
bedeutet Hochdeutsch (A–H) was? Verbinde.**

1 abzischen
2 antanzen
3 bekloppt
4 beknackt
5 die Klapsmühle
6 die Maloche
7 der Quatsch
8 sauer
9 der Schiss
10 sie nicht alle haben

A Angst
B Arbeit
C Böse
D Dummheit
E kommen
F psychiatrische Klinik
G „verrückt" / dumm (sein)
H wegfahren

FAST SCHON MITTWOCH

● DIE SONDERSENDUNG

1. Was hat Herr Westbühl (✔), was nicht (✘)? Kreuze an.

(✔) (✘)

a) ein Handy ○ ○

b) einen großen Fernseher ○ ○

c) schönen Schnickschnack ○ ○

d) Bilder und Poster an den Wänden ○ ○

e) weiße Wände ○ ○

f) eine Zeitung ○ ○

2. Was sieht und hört Rico im Fernsehen (✔), was nicht (✘)? Kreuze an.

(✔) (✘)

a) Der Entführer hat wieder ein Kind entführt. ○ ○

b) Dieses Kind ist Ricos Freund Oskar. ○ ○

c) Oskar gibt ein Interview und erzählt den Journalisten alles. ○ ○

d) Der Entführer hat wieder einen Brief geschickt. In dem steht, er will 2000 Euro. ○ ○

e) Oskars Vater ist ein reicher Mann, will aber mit der Polizei zusammenarbeiten. ○ ○

f) Es gibt ein neues Foto von Sophia. Auf dem T-Shirt trägt sie Oskars kleines rotes Flugzeug. ○ ○

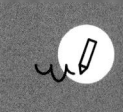

MITTWOCH
AUF DER SUCHE NACH SOPHIA

1. Ricos Weg zu Sophia. Nummeriere die Stationen.

<u>Achtung:</u> Drei sind nicht in der Geschichte

( ) **A** Er trifft dort zwei Jungen. Der eine spricht viel, der andere kann nichts hören.

( ) **B** Er trifft einen Mann vor dem Haus, wo Sophia wohnt.

( ) **C** Er bittet Kiesling ihn nach Grunewald zu fahren.

( ) **D** Vor der Schule ist niemand. Erst am Nachmittag kann er ein Kind fragen.

( ) **E** Er hört, dass Sophies Bruder Tobias bei ALDI ist.

( ) **F** Der größere Junge bringt ihn zu Sophias Haus.

( ) **G** Er sagt der Mutter: „Ich bin ein Freund von Tobias!" Und darf in die Wohnung.

( ) **H** Kiesling bringt ihn zur richtigen Schule.

2. Was sieht oder hört oder riecht Rico bei Sophia erst, was dann? Nummeriere.

( ) **A** Sophia sagt, dass sie nichts sagen darf, weil sonst Jannek sterben muss.

( ) **B** In der Wohnung riecht es grau.

( ) **C** An der Tür hängt ein Poster mit einer Barbiepuppe.

( ) **D** In Sophias Zimmer sieht es aus wie nach einer Explosion.

( ) **E** Sie wohnt in einem Haus mit brauner Fassade und ohne Balkone.

( ) **F** Die Mutter hat kaputte Fingernägel.

( ) **G** Auf Sophias schmutzigen Schreibtisch steht ein Glas mit einem Goldfisch. Das ist Jannek.

( ) **H** Jannek sieht krank aus und Sophia sagt nichts mehr.

IMMER NOCH MITTWOCH
● TIEFERSCHATTEN

1. Ein Detektiv bei der Arbeit. Welche Sätze (1–2) bringen Rico zu Ergebnis A und welche zu Ergebnis B? Ordne zu.

> **A |** Oskar war nach seinem Besuch mit Rico auf dem Dachgarten noch einmal im Haus.

> **B |** Simon Westbühl ist der Entführer.

1   Rico hat ihn aus dem Haus gehen sehen.   ○

2   Auf seinem Stadtplan sind sechs rote Punkte. Von Hand gemalt!   ○

3   Im Traum sieht er ihn vor sich: Sie gehen vom Geländer weg und Oskar hat das Flugzeug noch am Hemd.   ○

4   Also war er später noch einmal da und da ist ihm das Flugzeug herunter gefallen.   ○

5   Das rote Flugzeug ist auf dem Dachgarten noch nicht von Oskars Hemd gefallen.   ○

6   Westbühls Telefon klimpert.   ○

7   Von der sechsten Entführung wissen wir alle erst seit gestern Abend.   ○

8   Sophia will nicht über den Entführer sprechen, nennt ihn aber Klimpermann.   ○

9   Bühl war früher informiert als wir alle.   ○

10 Der Stadtplan liegt unter der Bild-Zeitung unter einem Glas und das seit gestern Nachmittag.   ○

2. Und jetzt? Rico ist in RB's Wohnung. Was soll er tun? Und welches Problem gibt es? Verbinde.

1 Er kann zurück nach unten in seine Wohnung gehen.

2 Er kann aus dem Fenster „Zu Hilfe!" rufen.

3 Er kann über den Dachgarten über die Dächer der Nachbarhäuser weglaufen.

4 Er kann seine Mutter anrufen.

5 Er kann den Notruf anrufen.

A Da kann er vom Dach fallen und fünf Stockwerke tief in den Hinterhof fallen.

B Dann hört ihn Westbühl und läuft nach oben zu ihm.

C Dann muss er an Westbühls Wohnung vorbei. Der hört ihn vielleicht und …

D Das tut er auch, aber der Mann am Apparat glaubt, er macht nur Spaß.

E Leider hat er den Zettel mit der Nummer nicht mehr.

FAST SCHON DONNERSTAG
● IM HINTERHAUS

1. Was denkt Rico? Wie bringt Westbühl, der Entführer, die Kinder wohin? a) oder b)? Was ist richtig? Kreuze an.

1 a) Durch den Keller kann man eigentlich nicht ins Hinterhaus. Der Zugang ist verboten – da steht Wasser. Sicher geht Westbühl nicht da durch.

   b) Durch den Keller kann man eigentlich nicht ins Hinterhaus. Der Zugang ist verboten – da steht Wasser. Aber sicher geht Westbühl da durch.

2 a) Der Westbühl trägt die Kinder ins Haus, vielleicht in einem Wäschesack wie dem vom Marrak.

   b) Der Westbühl trägt die Kinder ins Haus, vielleicht auf der Schulter? Er ist ja groß und stark?

3 a) Er bringt die Kinder durch den sehr dunklen Keller ins Hinterhaus, in die Wohnung von Frau Bonhöfer im dritten Stock.

  b) Er bringt die Kinder übers Dach ins Hinterhaus, in die Wohnung von Frau Bonhöfer im dritten Stock.

4 a) Die Tieferschatten sieht Rico, wenn der Entführer in die Wohnung kommt.

  b) Die Tieferschatten sieht Rico, wenn der Entführer den Opfern was zu essen bringt oder sie aufs Klo gehen lässt.

2. Was ist richtig, was ist falsch? Kreuze an.

	richtig	falsch
a) Die Schlüssel findet er in Marraks Schlafzimmer.	◯	◯
b) Die Schlüssel findet er im Badezimmer in Marraks Wohnung.	◯	◯
c) Dann geht er, wie Westbühl, über die Treppe nach unten und durch den Keller ins Hinterhaus.	◯	◯
d) Er geht auf Marraks Dachterrasse und macht die Tür zur Treppe im Hinterhaus auf.	◯	◯
e) Er muss vom 5. Stock des Hinterhauses in den 3. Stock.	◯	◯
f) Er muss vom 5. Stock des Hinterhauses in Fräulein Bonhöfers Wohnung.	◯	◯
g) Er geht durch den Flur, an einem Klo, der Küche und dem ersten Zimmer vorbei.	◯	◯
h) Er muss durch Westbühls Küche.	◯	◯
i) Er muss in den hinteren Teil der Wohnung von Fräulein Bonhöfer.	◯	◯
j) Im hinteren Teil findet er auch nichts.	◯	◯

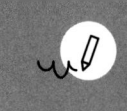

IMMER NOCH FAST SCHON DONNERSTAG
DIE FLUCHT

1. Setze die passenden Namen ein.

Marrak   Westbühl

Rico denkt: „Der Entführer ist _____ (1)!" Oskar weiß:

„Er heißt _____ (2)!" Das ist auch nur logisch, denn

_____ (3) wohnt erst seit kurzer Zeit im Haus, der Entführer ist

aber schon lang aktiv. _____ (4) lebt auch schon lange in der

Dieffe 93.

Oskar   Sophia

_____ (5) weiß von _____ (6) von dem Schlüs-

selbund und von dem roten Arbeitsanzug von Marrak. _____

(7) hat gesucht. _____ (8) meint, _____ (9)

sieht aus wie eine, die redet. Rico denkt, dass _____ (10)

_____ (11) alles erzählt hat und dass _____ (12)

dann den roten Flieger von _____ (13) bekommen hat. Er freut

sich über den Flieger, denn _____ (14) hat sonst keine Freunde.

_____ (15) soll niemandem sagen, was er von _____

(16) weiß. Er sagt auch niemandem etwas. Er sucht in allen Schlüssel-

diensten der Stadt nach dem Mann.

Rico   Oskar

_____ (17) weiß jetzt, dass _____ (18) nur mit

ihm gekommen ist, weil er den Entführer gesucht hat. Er sagt es ihm.

_____ (19) antwortet erst nichts. _____ (20) ist

traurig und _____ (21) weiß nicht, wie er sich entschuldigen soll. _____ (22) sagt dann: „Am Anfang warst du mir egal. Für

mich waren nur Marrak und das Haus interessant. Aber jetzt tut es mir

leid. Ich mag dich, _____ (23)! Du bist mein einziger Freund."

_____ (24) ist zufrieden.

Marrak	Oskar

Am Dienstag fährt _____ (25) mit der U-Bahn zum Kottie

und geht dann zu Fuß Richtung Dieffe. In der Grimmstraße sieht er

_____ (26) in sein Auto steigen. _____ (27) bittet

_____ (28) ihn im Auto mitzunehmen. Nach drei Ampeln

sprüht _____ (29) _____ (30) was ins Gesicht.

Erst am Nachmittag wacht _____ (31) wieder auf. Da holt

_____ (32) ihn aus dem Wäschesack.

2. Was ist richtig? Kreuze an.

1 Marrak entführt die Kinder, weil …

   a) … er schnell viel Geld verdienen will.

   b) … er will, dass die Eltern besser auf ihre Kinder aufpassen.

2 Rico muss Zeit gewinnen. Deshalb erzählt er Marrak, dass …

   a) … ein Entführer erst die Ohren abschneidet, dann eine Hand und so
      weiter.

   b) … seine Mutter allein ist, weil sein Vater tot ist.

3 Rico und Oskar kommen nicht aus dem Hinterhof, weil …

   a) … die Tür ins Vorderhaus klemmt. Mommsen hat sie nicht repariert.

   b) … Oskar den richtigen Schlüssel für die Tür finden muss.

4 Simon Westbühl trägt Rico aus dem Haus. Rico erzählt ihm, …

   a) … wie er Oskar gefunden hat.

   b) … was er niemandem erzählt: Wie und wo sein Vater gestorben ist.

DONNERSTAG
● SCHÖNE AUSSICHTEN
Und noch mal von vorn! Beantworte die folgenden Fragen.

a) Von wem war wahrscheinlich die Fundnudel?

_____

_____

_____

_____

_____

b) Bei wem wohnt das graue Gefühl?

_____

_____

_____

_____

_____

c) Warum werden Sophia und Rico keine Freunde?

_____

_____

_____

_____

_____

d) Wer war der Entführer?

_____

_____

_____

_____

_____

e) Wer hat viele Steine in seiner Wohnung?

_____

_____

_____

_____

_____

f) Woher hat Mama jetzt das Geld für die Wohnung mit Dachterrasse?

_____

_____

_____

_____

_____

g) Welches Problem haben beide, hochbegabte und tiefbegabte Kinder?

_____

_____

_____

_____

_____

h) Warum war Simon Westbühl vor allen anderen über die Entführung informiert?

_____

_____

_____

_____

_____

Lösungen

SAMSTAG – **DIE FUNDNUDEL**

1.

5. Stock	6 E	5 C
4. Stock	4 G	3 B
3. Stock	2 A	7 F
2. Stock	8 I	1 J
1. Stock		9 D
Erdgeschoss	Durchgang zum Hinterhaus	10 H

2. stimmt: b), c), e), f), h); stimmt nicht: a), d), g), i)

IMMER NOCH SAMSTAG – **OSKAR**

1. Station 1: A; Station 2: B; Station 3: D; Station 4: B
2. Rico: b), d), e), h), m); Oskar: a), g), i), l); Sophia: c), f), j), k)

SONNTAG – **DAS FERIENTAGEBUCH**

(✔): c), d), g), h); (✘): a), b), e), f)

MONTAG – **DER BÜHL**

1. a), b), c), e)
2. a) Kiesling, b) Simon Westbühl, c) Oskar, d) Marrak

IMMER NOCH MONTAG – **AUF DEM DACH**

1. Rico: b), c), e); Oskar: a), c), f)
2. a) Aus den Fenstern der RBs. b) Vom Dachgarten der RBs.
c) Von Ricos Zimmerfenster.
3. richtig: a), c), d), f), g); falsch: b), e), h)
4. freundlich: a), d), g); unfreundlich: b), c), e), f), h)

DIENSTAG – **RAUF UND RUNTER**

1. (1) Oskar, (2) Mutter, (3) Bruder, (4) böse, (5) weint, (6) Frau Dahling, (7) Brote, (8) Filme
2. 1H, 2E, 3G, 4G, 5F, 6B, 7D, 8C, 9A, 10G

FAST SCHON MITTWOCH – **DIE SONDERSENDUNG**
1. (✔): a), e), f); (✘): b), c), d)
2. (✔): a), b), f); (✘): c), d), e)

MITTWOCH – **AUF DER SUCHE NACH SOPHIA**
1. 1H, 2A, 3E, 4F, 5G (C, B, D sind nicht in der Geschichte)
2. 1E, 2B, 3F, 4C, 5D, 6A 7G 8H

IMMER NOCH MITTWOCH – **TIEFERSCHATTEN**
1. 1A, 2B, 3A, 4A, 5A, 6B, 7B, 8B, 9B, 10B
2. 1C, 2B, 3A, 4E, 5D

FAST SCHON DONNERSTAG – **IM HINTERHAUS**
1. 1b), 2a), 3a), 4b)
2. richtig: b), d), e), f), g), i); falsch: a), c), h), j)

IMMER NOCH FAST SCHON DONNERSTAG – **DIE FLUCHT**
1. (1) Westbühl, (2) Marrak, (3) Westbühl, (4) Marrak, (5) Oskar,
(6) Sophia, (7) Oskar, (8) Oskar, (9) Sophia, (10) Sophia, (11) Oskar,
(12) Oskar, (13) Sophia, (14) Oskar, (15) Oskar, (16) Sophia, (17) Rico,
(18) Oskar, (19) Oskar, (20) Rico, (21) Oskar, (22) Oskar, (23) Rico,
(24) Rico, (25) Oskar, (26) Marrak, (27) Oskar, (28) Marrak, (29) Marrak,
(30) Oskar, (31) Oskar, (32) Marrak
2. 1b), 2 a), 3 a), 4 b)

DONNERSTAG – **SCHÖNE AUSSICHTEN**
a) Von Thorben Runge-Blawetzkys (S. 77)
b) Bei Frau Dahling (S. 18) und bei Sophias Familie (S. 65)
c) Weil Sophia Angst hat und Rico nichts sagt.
d) Marrak
e) Fitzke
f) Von ihrem Bruder, denn er ist gestorben und sie bekommt sein Haus und sein Geld.
g) Mit beiden können die Leute nicht viel anfangen. (S. 86 – 87)
h) Weil er Kriminalkommissar ist.

Bildnachweis
110 Shutterstock (ii-graphics), New York